기탄급수한자
4급 빨리따기

4급, 4급 Ⅱ 공용 4급은 ①②③④⑤과정 전 5권으로 구성되어 있습니다. ❺과정

KB122270

 왜, 기탄급수한자일까요?

 전국적으로 초,중,고 학생들에게 급수한자 열풍이 대단합니다.
2005학년도 대학수학능력시험부터 제 2외국어 영역에 한문과목이 추가되고, 한
자공인급수 자격증에 대한 각종 특전이 부여됨에 따라 한자조기 교육에 가속도
가 붙고 있습니다. 이러한 교육환경에서 초등학생의 한자학습에 대한 열풍은 자
연스럽게 한자능력검정시험에까지 이어지고 있습니다.
이에 발맞추어 기탄교육은 국내 유일의 초등학생 전용 급수한자 학습지 「기탄급
수한자 빨리따기」를 선보이게 되었습니다. 「기탄급수한자 빨리따기」는 초등학
생의 수준에 딱 맞도록 구성되어 더욱 쉽고 빠르게 원하는 급수를 취득할 수 있
습니다. 이제 초등학생들의 한자능력검정시험 준비는 「기탄급수한자 빨리따기」
로 시작하세요. 한자학습의 목표를 정해 주어 학습성취도가 높고, 공부하는 재미
를 동시에 느낄 수 있습니다.

「기탄급수한자 빨리따기」 이런 점이 좋아요.

• 두꺼운 분량의 문제집이 아닌 각 급수별로 분권하여 학습성취도가 높습니다.
• 충분한 쓰기 연습량으로 목표하는 급수 자격증을 빠르게 취득할 수 있습니다.
• 출제유형을 꼼꼼히 분석한 기출예상문제풀이로 시험대비에 효과적입니다.
• 만화, 전래동화, 수수께끼 등 다양한 학습법으로 지루하지 않게 공부합니다.

한자능력검정시험이란 무엇인가요?

사단법인 한국어문회에서 주관하고 한국한자능력검정회가 시행하는 한자 활용능력 시험을 말합니다. 1992년 12월 9일 1회 시험이 시행되었고, 2001년 1월 1일 이후로 국가 공인자격시험(1급~3급 II)으로 치러지고 있습니다.

 한자능력검정시험은 언제, 어떻게 치르나요?

정규 시험은 공인급수 시험과 교육급수 시험을 별도로 실시합니다. (한국 한자능력검정회 홈페이지 참조 http://www.hanja.re.kr)
응시 자격은 8급~특급까지 연령, 성별, 학력 제한 없이 모든 급수에 응시할 수 있습니다.

한자능력검정시험에는 어떤 문제가 나오나요?

급수별로 자세한 내용은 다음과 같습니다.

한자능력검정시험 출제 유형

구분	특급	특급 II	공인급수				교육급수								
			1급	2급	3급	3급 II	4급	4급 II	5급	5급 II	6급	6급 II	7급	7급 II	8급
읽기 배정 한자	5,978	4,918	3,500	2,355	1,817	1,500	1,000	750	500	400	300	225	150	100	50
쓰기 배정 한자	3,500	2,355	2,005	1,817	1,000	750	500	400	300	225	150	50	0	0	0
독음	50	50	50	45	45	45	32	35	35	35	33	32	32	22	24
훈음	32	32	32	27	27	27	22	22	23	23	22	29	30	30	24
장단음	10	10	10	5	5	5	3	0	0	0	0	0	0	0	0
반의어	10	10	10	10	10	10	3	3	3	3	3	2	2	2	0
완성형	15	15	15	10	10	10	5	5	4	4	3	2	2	2	0
부수	10	10	10	5	5	5	3	3	3	3	0	0	0	0	0
동의어	10	10	10	5	5	5	3	3	3	3	2	0	0	0	0
동음이의어	10	10	10	5	5	5	3	3	3	3	2	0	0	0	0
뜻풀이	10	10	10	5	5	5	3	3	3	3	2	2	2	2	0
필순	0	0	0	0	0	0	0	0	3	3	3	3	2	2	2
약자	3	3	3	3	3	3	3	3	3	3	0	0	0	0	0
한자 쓰기	40	40	40	30	30	30	20	20	20	20	20	10	0	0	0

※쓰기 배정 한자는 한두 급수 아래의 읽기 배정 한자이거나 그 범위 내에 있습니다.
※출제 유형표는 기본 지침 자료로서, 출제자의 의도에 따라 차이가 있을 수 있습니다.

한자능력검정시험의 급수는 어떻게 나누어지나요?

한자능력검정시험은 공인급수와 교육급수로 나누어져 있으며, 8급에서 1급까지 배정되어 있습니다. 특급·특급Ⅱ는 민간자격급수입니다.

한자능력검정시험 급수 배정표

급수		읽기	쓰기	수준 및 특성
교육급수	8급	50	0	한자 학습 동기 부여를 위한 급수
	7급Ⅱ	100	0	기초 상용한자 활용의 초급 단계
	7급	150	0	기초 상용한자 활용의 초급 단계
	6급Ⅱ	225	50	기초 상용한자 활용의 중급 단계
	6급	300	150	기초 상용한자 활용의 고급 단계
	5급Ⅱ	400	225	중급 상용한자 활용의 초급 단계
	5급	500	300	중급 상용한자 활용의 초급 단계
	4급Ⅱ	750	400	중급 상용한자 활용의 중급 단계
	4급	1,000	500	중급 상용한자 활용의 고급 단계
공인급수	3급Ⅱ	1,500	750	고급 상용한자 활용의 초급 단계
	3급	1,817	1,000	고급 상용한자 활용의 중급 단계
	2급	2,355	1,817	상용한자를 활용하는 것은 물론 인명지명용 기초한자 활용 단계
	1급	3,500	2,005	국한혼용 고전을 불편 없이 읽고, 연구할 수 있는 수준 초급
특급Ⅱ		4,918	2,355	국한혼용 고전을 불편 없이 읽고, 연구할 수 있는 수준 중급
특급		5,978	3,500	국한혼용 고전을 불편 없이 읽고, 연구할 수 있는 수준 고급

한자능력검정시험 합격 기준표

구분	특급·특급Ⅱ	공인급수				교육급수								
		1급	2급	3급	3급Ⅱ	4급	4급Ⅱ	5급	5급Ⅱ	6급	6급Ⅱ	7급	7급Ⅱ	8급
출제문항수	200	200	150	150	150	100	100	100	100	90	80	70	60	50
합격문항수	160	160	105	105	105	70	70	70	70	63	56	49	42	35
시험시간	100분	90분	60분			50분								

※특급·특급Ⅱ·1급은 출제 문항수의 80% 이상, 2급~8급은 70% 이상 득점하면 합격입니다.

 ## 한자능력검정시험에 합격하면 어떤 좋은 점이 있나요?

• 1급~3급Ⅱ를 취득하면 국가 공인 자격증으로서, 초·중·고등학교 생활 기록부의 자격증란에 기재되고, 4급~8급을 취득하면 세부 능력 및 특기 사항란에 기재됩니다.

• 대학 입시 수시 모집 및 특기자 전형에 지원이 가능합니다.

• 대학 입시 면접에 가산점 부여 및 졸업 인증, 학점 반영 등 혜택이 주어집니다.

• 언론사, 기업체의 입사·승진 등 인사 고과에 반영됩니다.

4급 4급Ⅱ 한자 1000자를 ①, ②, ③, ④, ⑤과정으로 분권하여 구성하였습니다. 두꺼운 분량의 책으로 공부할 때보다 학습자의 성취감을 높여줍니다.

〈장단음〉
한자의 장단음을 표기 하였습니다.
'ː' 는 長音 漢字표시 이며 '(ː)' 은 長·短 두 가지로 발음되는 漢字 표시입니다.

〈자원〉
한자가 만들어진 유래 를 밝혀 음훈의 기억을 돕습니다.
(자원의 해석은 여러 학설이 있습니다.)

〈그림〉
한자의 훈에 해당하는 개념을 그림으로 표현 하여 쉽게 이해 하도록 합니다.

〈획순〉
한자를 바르게 쓸 수 있도록 획순을 제시 하였습니다.
(획순은 학자 마다 약간씩 견해 차이가 있습니다.)

〈어휘〉
다른자와 결합된 단어를 학습하여 어휘력을 높이도록 하였습니다.

● **〈도입〉**
4급 4급Ⅱ 신출한자를 가
나다 순으로 정리하여 그
림과 함께 소개합니다.

〈만화로 익히는 고사성어〉
고사성어를 만화로 표현하여
고사의 유래와 참뜻을 흥미
롭게 익힙니다.

● **〈퍼즐로 한자를〉**
크로스 워드 퍼즐을 통하여 배운
한자의 어휘와 성어를 복습합니다.

〈기출 및 예상문제〉 ●
시험에 출제되었던 문제와
예상 문제를 통하여 실력을
다집니다.

● **〈부록〉**
일자다음어, 약자, 속자,
사자성어 등을 정리하여 한자
학습의 폭을 넓히고 실제
시험을 대비합니다.

〈모의 한자능력 검정시험〉 ●
실제시험 출제 유형과 똑같은
모의한자능력검정시험 3회를
통하여 실전감각을 높일 수
있습니다.

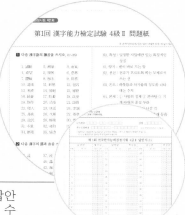

● **〈답안지〉**
실제시험과 똑같은 모양의 답안
작성 연습으로 실수를 줄일 수
있습니다.

假(가) ❶–10
①과정 10쪽

報(보)* ❷ – 72
寶(보)* ❷ – 72
伏(복) ❷ – 73
復(복)* ❷ – 73
複(복) ❷ – 74
否(부) ❷ – 74
府(부)* ❷ – 75
負(부) ❷ – 75
婦(부)* ❷ – 82
副(부)* ❷ – 82
富(부)* ❷ – 83
粉(분) ❷ – 83
憤(분) ❷ – 84
佛(불)* ❷ – 84
批(비) ❷ – 85
非(비)* ❷ – 85
飛(비)* ❷ – 86
秘(비) ❷ – 86
悲(비)* ❷ – 87
備(비)* ❷ – 87
碑(비) ❷ – 94
貧(빈)* ❷ – 94

ㅅ
寺(사)* ❷ – 95
私(사) ❷ – 95
舍(사)* ❷ – 96
師(사)* ❷ – 96
射(사) ❷ – 97
絲(사) ❷ – 97
謝(사)* ❷ – 98
辭(사)* ❷ – 98
散(산) ❷ – 99
殺(살)* ❷ – 99
床(상) ❷ – 100
狀(상)* ❷ – 100
常(상)* ❷ – 101
象(상) ❷ – 101
想(상)* ❸ – 10
傷(상) ❸ – 10
宣(선) ❸ – 11
舌(설) ❸ – 11
設(설)* ❸ – 12
星(성)* ❸ – 12

城(성)* ❸ – 13
盛(성)* ❸ – 13
聖(성)* ❸ – 14
誠(성)* ❸ – 14
聲(성)* ❸ – 15
細(세)* ❸ – 15
稅(세)* ❸ – 22
勢(세)* ❸ – 22
素(소)* ❸ – 23
笑(소)* ❸ – 23
掃(소)* ❸ – 24
俗(속)* ❸ – 24
屬(속) ❸ – 25
續(속)* ❸ – 25
損(손) ❸ – 26
松(송) ❸ – 26
送(송)* ❸ – 27
頌(송) ❸ – 27
守(수)* ❸ – 34
收(수)* ❸ – 34
秀(수) ❸ – 35
受(수)* ❸ – 35
修(수)* ❸ – 36
授(수)* ❸ – 36
叔(숙) ❸ – 37
肅(숙) ❸ – 37
純(순)* ❸ – 38
崇(숭) ❸ – 38
承(승)* ❸ – 39
是(시)* ❸ – 39
施(시)* ❸ – 46
視(시)* ❸ – 46
詩(시)* ❸ – 47
試(시)* ❸ – 47
氏(씨) ❸ – 48
息(식)* ❸ – 48
申(신)* ❸ – 49
深(심)* ❸ – 49

ㅇ
眼(안)* ❸ – 50
暗(암)* ❸ – 50
壓(압)* ❸ – 51
液(액)* ❸ – 51

額(액) ❸ – 58
羊(양)* ❸ – 58
樣(양) ❸ – 59
嚴(엄) ❸ – 59
如(여)* ❸ – 60
與(여) ❸ – 60
餘(여)* ❸ – 61
易(역) ❸ – 61
逆(역) ❸ – 62
域(역) ❸ – 62
延(연) ❸ – 63
硏(연)* ❸ – 63
煙(연) ❸ – 70
鉛(연) ❸ – 70
演(연)* ❸ – 71
燃(연) ❸ – 71
緣(연) ❸ – 72
迎(영) ❸ – 72
映(영) ❸ – 73
榮(영) ❸ – 73
營(영) ❸ – 74
豫(예) ❸ – 74
藝(예)* ❸ – 75
誤(오) ❸ – 75
玉(옥) ❸ – 82
往(왕)* ❸ – 82
謠(요) ❸ – 83
容(용) ❸ – 83
遇(우) ❸ – 84
郵(우) ❸ – 84
優(우) ❸ – 85
怨(원) ❸ – 85
員(원)* ❸ – 86
援(원) ❸ – 86
圓(원)* ❸ – 87
源(원) ❸ – 87
危(위) ❸ – 94
委(위) ❸ – 94
威(위) ❸ – 95
爲(위)* ❸ – 95
圍(위) ❸ – 96
慰(위) ❸ – 96
衛(위)* ❸ – 97

乳(유) ❸ – 97
遊(유) ❸ – 98
遺(유) ❸ – 98
儒(유) ❸ – 99
肉(육)* ❸ – 99
恩(은)* ❸ – 100
隱(은) ❸ – 100
陰(음)* ❸ – 101
應(응)* ❸ – 101
依(의) ❹ – 10
義(의)* ❹ – 10
疑(의) ❹ – 11
儀(의) ❹ – 11
議(의)* ❹ – 12
異(이) ❹ – 12
移(이)* ❹ – 13
益(익)* ❹ – 13
仁(인) ❹ – 14
引(인)* ❹ – 14
印(인) ❹ – 15
認(인)* ❹ – 15

ㅈ
姊(자) ❹ – 22
姿(자) ❹ – 22
資(자) ❹ – 23
殘(잔) ❹ – 23
雜(잡) ❹ – 24
壯(장) ❹ – 24
帳(장) ❹ – 25
張(장) ❹ – 25
將(장)* ❹ – 26
裝(장) ❹ – 26
腸(장) ❹ – 27
獎(장) ❹ – 27
障(장)* ❹ – 34
低(저)* ❹ – 34
底(저) ❹ – 35
賊(적) ❹ – 35
適(적) ❹ – 36
敵(적)* ❹ – 36
積(적) ❹ – 37
績(적) ❹ – 37
籍(적) ❹ – 38

 泉 샘 천

 請 청할 청

 聽 들을 청

 廳 관청 청

 招 부를 초

 銃 총 총

 總 다 총

 推 밀 추

 蓄 모을 축

 築 쌓을 축

 縮 줄일 축

 忠 충성 충

✏️ 다음 한자의 훈음을 알아 보고 빈 칸에 알맞게 쓰세요.

훈 샘   음 천

白(흰 백)은 옹달샘 모양이 변한 글자이다. 산골짜기 '**옹달샘**'에서 물이 졸졸 흘러 나오는 모양을 나타낸 글자이다.

훈 청할   음 청

言(말씀 언)이 뜻부분, 靑(푸를 청)이 음부분이다. (말을) 아뢰다라는 뜻이었는데, 후에 '**청하다, 묻다, 부탁하다**'를 뜻하게 되었다.

水부수 총 9획	泉 泉 泉 泉 泉 泉 泉 泉 泉

泉

샘 **천**

泉 泉 泉 泉 泉 泉 泉

어휘 : 溫泉(온천) 源泉(원천)

言부수 총 15획	請 請 請 請 請 請 請 請 請 請 請 請 請 請

請

청할 **청**

請 請 請 請 請 請 請

어휘 : 申請(신청) 要請(요청)	유의어 : 求(구할 구), 要(바랄 요)

✏️ 다음 한자의 훈음을 알아 보고 빈 칸에 알맞게 쓰세요.

훈 들을   음 청

耳(귀 이)와 悳(덕 덕)이 뜻부분, 呈(드릴 정)이 음부분이다. 그냥 듣기만 하는 것이 아니라 **바르게 알아 듣는 것**을 뜻한다.

훈 관청   음 청

广(집 엄)이 뜻부분, 聽(들을 청)이 음부분이다. 사무실로 쓰는 집 즉 **관청**을 나타낸다.

耳부수 총 22획	耳 耶 耶 耶 耶 耶 耶 聤 聤 聤 聤 聽 聽 聽

聽

들을 **청**

약자

聽

| 어휘 : 聽衆(청중) 聽取(청취) | 유의어 : 聞(들을 문) |

广부수 총 25획	广 庐 庐 庐 庐 廊 廊 廊 廳 廳 廳 廳 廳 廳 廳

廳

관청 **청**

약자

庁

어휘 : 廳舍(청사) 官廳(관청) 市廳(시청)

✏️ 다음 한자의 훈음을 알아 보고 빈 칸에 알맞게 쓰세요.

훈 부를   음 초

手(손 수)가 뜻부분, 召(부를 소)가 음부분이다.
손짓하며 사람을 '**부르는**' 모습을 나타내었다.

훈 총   음 총

金(쇠 금)이 뜻부분, 充(채울 충)이 음부분이다.
'**총**'을 뜻한다.

| 扌(手)부수 총 8획 | 招招招招招招招 |

招

부를 **초**

어휘 : 招來(초래) 招人鐘(초인종)   유의어 : 召(부를 소 : 3급)

| 金부수 총 14획 | 銃銃銃銃銃銃銃金金鈍鈍鈗鈗銃 |

銃

총 **총**

어휘 : 銃器(총기) 銃彈(총탄) 銃聲(총성)

✏️ 다음 한자의 훈음을 알아 보고 빈 칸에 알맞게 쓰세요.

總
훈 다   음 총:

糸(실 사)가 뜻부분, 悤(바쁠 총)이 음부분이다.
'**합치다, 모두**' 등을 뜻한다.

推
훈 밀   음 추

手(손 수)가 뜻부분, 隹(새 추)가 음부분이다.
'**밀어주다, 받들다, 짐작하다**' 등을 뜻한다.
※ '퇴' 로 읽기도 한다 (例) 推敲(퇴고)

糸부수 총 17획	總總總糸總糸總糹糹總總總總總總總總

總
다 **총**

약자
総

| 어휘 : 總體的(총체적) 國務總理(국무총리) | 유의어 : 皆(모두 개 : 3급) |

扌(手)부수 총 11획	推推推扌推扌扌推推推推

推
밀 **추**

| 어휘 : 推進(추진) 推理(추리) 推論(추론) |

✏️ 다음 한자의 훈음을 알아 보고 빈 칸에 알맞게 쓰세요.

훈 모을   음 축

艸(풀 초)가 뜻부분, 畜(쌓을 축)이 음부분이다. 짐승을 기르자면 풀을 말려 비축해 두어야 한다는데서 '**모으다, 쌓다**' 등을 뜻한다.

훈 쌓을   음 축

筑(악기이름 축)이 음부분, 木(나무 목)이 뜻부분이다. 나무로 만든 막대기로 땅을 쳐서 다진다는데서 '**쌓다, 짓다**' 등을 뜻하게 되었다.

艹(艸)부수 총 14획

蓄 蓄 蓄 蓄 蓄 蓄 蓄 蓄 蓄 蓄 蓄 蓄

蓄

모을 **축**

어휘 : 備蓄(비축) 貯蓄(저축)　　　　　유의어 : 貯(모을 저), 積(쌓을 적)

竹부수 총 16획

築 築 築 築 築 築 築 築 築 築 築 築 築 築 築 築

築

쌓을 **축**

어휘 : 新築(신축) 增築(증축)　　　　　유의어 : 建(세울 건)

✏️ 다음 한자의 훈음을 알아 보고 빈 칸에 알맞게 쓰세요.

훈 줄일   음 축

糸(실 사)가 뜻부분, 宿(잠잘 숙)이 음부분으로,
실을 제때 정리하지 않고 놔두어 엉킨 모습을
나타내어 '줄이다'를 뜻한다.

훈 충성   음 충

中(가운데 중)이 음부분, 心(마음 심)이 뜻부분
으로, 마음이 치우치지 않고 중심을 잡고 있는
상태로 '충성, 바치다'를 뜻한다.

糸부수 총 17획	縮縮縮縮縮縮縮縮縮縮縮縮

縮

줄일 **축**

| 어휘 : 減縮(감축) 縮小(축소) | 상대반의어 : 伸(펼 신 : 3급) |

心부수 총 8획	忠忠忠忠忠忠忠忠

忠

충성 **충**

사자성어 : 忠言逆耳(충언역이) – 충고의 말은 귀에 거슬린다는 뜻으로,
바르게 타이르는 말일수록 듣기 싫어함을 이름.

모양이 비슷한 한자 : 患(근심 환)

❶ 다음 漢字語의 讀音을 쓰세요.

(1) 源泉　　(　　　)　　　(2) 忠實　　(　　　)

(3) 視聽　　(　　　)　　　(4) 推進　　(　　　)

(5) 鑛泉　　(　　　)　　　(6) 廳舍　　(　　　)

(7) 縮小　　(　　　)　　　(8) 招請　　(　　　)

(9) 要請　　(　　　)　　　(10) 招待　　(　　　)

(11) 申請　　(　　　)　　　(12) 溫泉　　(　　　)

(13) 聽覺　　(　　　)　　　(14) 類推　　(　　　)

(15) 銃聲　　(　　　)　　　(16) 築城　　(　　　)

(17) 減縮　　(　　　)　　　(18) 聽力　　(　　　)

(19) 貯蓄　　(　　　)　　　(20) 銃擊　　(　　　)

(21) 招請　　(　　　)　　　(22) 盜聽　　(　　　)

(23) 忠告　　(　　　)　　　(24) 郡廳　　(　　　)

(25) 忠誠　　(　　　)　　　(26) 區廳　　(　　　)

(27) 總論　　(　　　)　　　(28) 建築　　(　　　)

(29) 總力　　(　　　)　　　(30) 蓄積　　(　　　)

❷ 다음 漢字의 訓과 音을 쓰세요.

(1) 忠　　(　　　)　　　(2) 請　　(　　　)

(3) 蓄　　(　　　)　　　(4) 廳　　(　　　)

(5) 招　　(　　　)　　　(6) 銃　　(　　　)

(7) 總　　(　　　)　　　(8) 泉　　(　　　)

(9) 聽　　(　　　)　　　(10) 築　　(　　　)

(11) 縮　　(　　　)　　　(12) 推　　(　　　)

❸ 다음 밑줄 친 漢字語를 漢字로 쓰세요.

(1) 그는 추진력이 강한 사람입니다.

(2) 수출 증진에 총력을 기울이기 바랍니다.

(3) 풍년에는 흉년을 대비하여 식량을 비축해 놓아야 합니다.

(4) 이것은 새로운 건축 양식이다.

(5) 예산 관계로 사업 규모가 많이 축소되었다.

(6) 제 강의를 경청해 주셔서 깊이 감사 드립니다.

(7) 시사회에 귀하를 초대합니다.

(8) 맡은 바 직책을 충실히 수행 하십시오.

(9) 정부 종합 청사는 어디에 있습니까?

(10) 국력의 원천은 국민 단합에 있다.

❹ 다음 漢字와 뜻이 상대 또는 반대되는 漢字를 써서 漢字語를 만드세요.

例	江 - (山)

(1) 老 - (　　　)　　　　　　(2) 來 - (　　　)

(3) 曲 - (　　　)　　　　　　(4) 公 - (　　　)

❺ 다음 漢字와 뜻이 비슷한 漢字를 써서 漢字語를 만드세요.

例	河 - (川)

(1) 聽 - (　　　)　　　　　　(2) 貯 - (　　　)

(3) 帝 - (　　　)　　　　　　(4) (　　　) - 遠

❻ 다음 漢字語의 (　　)안에 알맞은 漢字를 쓰세요.

> 例　見(物)生心 : 실물을 보면 욕심이 생김

(1) 事君以(　　　) : 세속 오계의 하나, 임금을 충성으로써 섬겨야 한다는 말
(2) (　　　)言逆耳 : 충고의 말은 귀에 거슬린다는 뜻으로, 바르게 타이르는
　　　　　　　　　말일수록 듣기 싫어함을 이름
(3) 大同小(　　　) : 거의 같고 조금 다름
(4) (　　　)者三友 : 사귀어 유익한 세 가지 유형의 벗, 곧 정직한 벗, 신의가 있는
　　　　　　　　　벗, 지식이 많은 벗을 이름

❼ 다음 漢字의 部首로 맞는 것을 골라 그 番號를 쓰세요.

(1) 聽 – (① 耳　② 心　③ 罒　④ 一)
(2) 銃 – (① 充　② 金　③ 儿　④ 亠)
(3) 蓄 – (① 田　② 玄　③ 宀　④ 艹)
(4) 縮 – (① 宀　② 糸　③ 宿　④ 百)

❽ 다음 漢字와 소리는 같으나 뜻이 다른 漢字語를 쓰세요.

> 例　山水 – (算數)

(1) 源泉 – (　　　　)　　　　　　(2) 廳舍 – (　　　　)
(3) 招待 – (　　　　)

❾ 다음 漢字語의 뜻을 쓰세요.

(1) 招請 :
(2) 縮小 :
(3) 忠孝 :
(4) 新築 :

❿ 다음 漢字의 略字(획수를 줄인 漢字)를 쓰세요.

(1) 聽 – (　　　　)　　　　　　(2) 廳 – (　　　　)
(3) 總 – (　　　　)　　　　　　(4) 龍 – (　　　　)

狐 여우 호 假 빌 가 虎 범 호 威 위엄 위

狐假虎威는 강을의 비유에서 유래되어진 이야기로 **남의 위세를 빌어 권세를 부리는 행동**을 뜻한다.

북방의 나라들이 소해율을 두려워한다는 게 사실인가?

아니옵니다. 호랑이가 여우를 잡아 먹으려하자…

—강을

전국시대 초나라에 소해율이라는 재상이 있었는데 북방의 나라들은 그를 무척 두려워하였다. 어느날 초나라의 선왕이 강을이란 신하에게 물었다.

요놈. 맛있게 생겼구나.

에고, 나는 하늘이 우두머리가 되게 하셨다. 넌 지금 하늘을 거역하는 것이야.

뭐? 네가 동물의 우두머리라고?

믿지 못하겠거든 내가 너의 앞에 갈터이니 다른 동물들이 나를 보고 도망하지 않는 자가 있는지 보아라.

어라? 저것들이 여우를 보고 도망을 가네?

호랑이다.

호랑이다. 도망가자.

여우가(狐) 호랑이(虎)의 위엄(威)을 빌려(假)서 행세를 한 것을 호랑이는 알지 못했다 하옵니다. 소해율 재상도 마찬가지 입니다.

이처럼 북방의 여러 나라들이 소해율을 두려워하는 것이 아니라 소해율 뒤에 있는 선왕과 선왕의 위엄을 두려워하는 것임을 말해 주었다.

✎ 아래의 풀이에 알맞은 한자를 쓰세요.

	① 溫			②		③			
④									
					會				⑤
	⑥ 市	⑦					⑧ 軍	備	
				⑨		論		⑩	聲
⑪ 事		⑫							

▶ **가로 열쇠**
② 시각과 청각
④ 물이 솟아나는 근원
⑥ 시의 행정 사무를 맡아 보는 곳
⑧ 현재 보유하고 있는 군비를 줄이는 일
⑨ 미루어 생각하여 논급하는 것
⑩ 총알이 발사되는 순간 탕하고 나는 소리
⑪ 임금을 충성으로서 섬겨야 한다는 것

▼ **세로 열쇠**
① 지열에 의해 데워져 높은 온도로 솟아 나오는 온탕
③ 행정 및 입법 기관 등에서 법규의 제정, 또는 결정에 앞서 이해관계인이나 제삼자의 의견을 듣기 위하여 여는 모임
⑤ 덜리어 줄어지는 일   ⑦ 관청의 건물
⑨ 추리하는 힘   ⑩ 총에 맞은 상처
⑫ 충심으로 타이르는 것

4급 ⑤과정 한자능력검정시험

 蟲 벌레 충

 取 가질 취

 就 나아갈 취

 趣 뜻 취

 測 헤아릴 측

 層 층 층

 治 다스릴 치

 置 둘 치

 齒 이 치

 侵 침노할 침

 針 바늘 침

 寢 잘 침

✏️ 다음 한자의 훈음을 알아 보고 빈 칸에 알맞게 쓰세요.

훈 벌레   음 충

'벌레'란 뜻을 나타내기 위하여 벌레들이 꿈틀 거리는 모습을 본뜬 한자이다.

훈 가질   음 취:

耳(귀 이)와 又(오른손 우)가 합쳐진 것으로, 옛날에는 전쟁에서 이기면 상대방의 귀를 잘라 가는 풍습에서 '가지다, 취하다'를 뜻한다.

虫부수 총 18획

蟲 蟲 蟲 蟲 蟲 蟲 蟲 蟲

蟲

蟲	蟲	蟲	蟲	蟲	蟲	蟲
						약자
						虫

벌레 충

벌레 충

| 어휘 : 蟲齒(충치) 害蟲(해충) 毒蟲(독충)

又부수 총 8획

取 取 取 取 取 取 取

取

가질 취

가질 취

| 어휘 : 取得(취득) 採取(채취) | 유의어 : 持(가질 지)

✏️ 다음 한자의 훈음을 알아 보고 빈 칸에 알맞게 쓰세요.

就　훈 나아갈　음 취:

京(클 경)과 尤(더욱 우)가 합쳐진 것으로, 높이 올라가다라는 뜻을 나타내기 위한 글자로 '**나아가다, 이루다**' 등을 뜻한다.

趣　훈 뜻　음 취:

走(달릴 주)가 뜻부분, 取(취할 취)가 음부분이다. 마음이 이끌려 가는 것, 즉 '**뜻**'을 나타내었다.

尤부수 총 12획　　就就就就就京京京京就就就

就

나아갈 **취**

어휘 : 就業(취업) 就任(취임)　　｜유의어 : 進(나아갈 진)
사자성어 : 日就月將(일취월장) - 날로 달로 자라거나 나아감.

走부수 총 15획　　趣趣趣赶赶走走走趄趄趣趣趣趣

趣

뜻 **취**

어휘 : 趣味(취미) 趣旨(취지)　　｜유의어 : 旨(뜻 지 : 2급), 意(뜻 의)

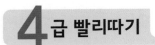

✏️ 다음 한자의 훈음을 알아 보고 빈 칸에 알맞게 쓰세요.

훈 헤아릴　음 측

水(물 수)가 뜻부분, 則(법 칙)이 음부분이다. (물의 깊이를) 잰다에서 후에 깊이뿐만 아니라 넓이, 길이, 높이 등 모든 계량을 나타내는 '**재다, 헤아리다**' 등을 뜻하게 되었다.

훈 층　음 층

尸(주검 시)가 뜻부분, 曾(거듭할 증)이 음부분이다. 집을 층층이 겹쳐 쌓은 모습을 나타내었다. '**층계, 겹**' 등을 뜻한다.

氵(水)부수 총 12획　　　　測測測測測測測測測測測測

測

헤아릴 **측**

測	測	測	測	測	測	測
헤아릴 측						

| 어휘 : 推測(추측) 豫測(예측)　　　　　　　　　　　 | 유의어 : 量(헤아릴 량) |

尸부수 총 15획　　　　層層層層層層層層層層層層層層層

層

층 **층**

層	層	層	層	層	層	層
층 층						

| 어휘 : 層階(층계) 高層(고층)　　　　　　　　　　　 | 유의어 : 階(섬돌 계) |

월   일   이름: 확인:

✏️ 다음 한자의 훈음을 알아 보고 빈 칸에 알맞게 쓰세요.

治

훈 다스릴   음 치

水(물 수)가 뜻부분, 台(기뻐할 이)가 음부분으로, 台(이)는 怡(기쁠 이)의 생략형이다. 물이 잘 흘러가도록 물길을 튼다는데서, **'다스리다'** 를 뜻한다.

置

훈 둘   음 치:

罒(그물 망)이 뜻부분, 直(곧을 직)이 음부분으로, 법망에 정직한 사람이 잘못 걸려들면 풀어 준다는데서 **'놓아주다, 두다'** 등을 뜻한다.

氵(水)부수 총 8획

治治治治治治治治

治

다스릴 **치**

治治治治治治治

다스릴 치

사자성어 : 治山治水(치산치수) – 산과 내를 잘 관리하고 돌봐 홍수나 가뭄 따위의 재해를 입지 않도록 예방함.

유의어 : 政(정사 정)

罒부수 총 13획

置置置置置置置置置置置置置

置

둘 **치**

置置置置置置置

둘 치

어휘 : 設置(설치) 位置(위치)

유의어 : 措(둘 조 : 2급)

✏️ 다음 한자의 훈음을 알아 보고 빈 칸에 알맞게 쓰세요.

훈 이   음 치

훈 침노할   음 침

앞니를 뜻하기 위하여 앞니 모양을 본떠 만든 한자로 '**이**'를 뜻한다.

人(사람 인)과 帚(비 추)와 又(오른손 우)가 합쳐진 것이다. 사람이 손에 빗자루를 들고 천천히 쓸어 나가는 모습에서 '**침노하다**'를 뜻한다.

齒부수 총 15획	齒齒齒齒齒齒齒齒齒齒齒齒齒齒齒

齒
이 **치**

약자
齒

사자성어 : 角者無齒(각자무치) – 뿔이 있는 자는 이가 없다는 뜻으로 한 사람이 모든 재주나 부를 가질 수는 없음.	유의어 : 牙(어금니 아 : 준3급)

亻(人)부수 총 9획	侵侵侵侵侵侵侵侵侵

侵
침노할 **침**

어휘 : 侵攻(침공) 侵略(침략)	유의어 : 擊(칠 격), 攻(칠 공), 犯(범할 범)

✏️ 다음 한자의 훈음을 알아 보고 빈 칸에 알맞게 쓰세요.

훈 바늘   음 침(:)

본자는 鍼으로 썼으나, 金(쇠 금)과 十(열 십)을 합하여서, 쇠붙이로 만든 十자 모양의 **'바늘'**을 나타내었다.

훈 잘   음 침:

宀(집 면)과 牀(평상 상)이 뜻부분, 侵(침노할 침)이 음부분이다. 집 안의 평상에 누워 **'자는'** 모습을 나타내었다.

金부수 총 10획 | 釒釒釒釒釒釒金金針針

針

바늘 **침**

| 어휘 : 針線(침선) 時針(시침)
| 사자성어 : 頂門一針(정문일침) – 정수리에 일침을 놓는다는 말로 따끔한 비판이나 타이름을 뜻함.

宀부수 총 14획 | 寢寢寢宀宀宀宀宀宀宀宀宀寢寢

寢

잘 **침**

| 어휘 : 寢室(침실) 就寢(취침) | 상대반의어 : 起(일어날 기)

❶ 다음 漢字語의 讀音을 쓰세요.

(1) 寢室 ( )	(2) 推測 ( )
(3) 毒蟲 ( )	(4) 害蟲 ( )
(5) 侵害 ( )	(6) 治安 ( )
(7) 趣向 ( )	(8) 取消 ( )
(9) 寄生蟲 ( )	(10) 就業 ( )
(11) 政治 ( )	(12) 方針 ( )
(13) 成就 ( )	(14) 就職 ( )
(15) 配置 ( )	(16) 趣味 ( )
(17) 侵犯 ( )	(18) 取得 ( )
(19) 齒科 ( )	(20) 檢針 ( )
(21) 安置 ( )	(22) 觀測 ( )
(23) 設置 ( )	(24) 深層 ( )
(25) 測量 ( )	(26) 蟲齒 ( )
(27) 侵攻 ( )	(28) 起寢 ( )
(29) 單層 ( )	(30) 針葉樹 ( )

❷ 다음 漢字의 訓과 音을 쓰세요.

(1) 針 ( )	(2) 取 ( )
(3) 治 ( )	(4) 齒 ( )
(5) 測 ( )	(6) 層 ( )
(7) 就 ( )	(8) 置 ( )
(9) 蟲 ( )	(10) 侵 ( )
(11) 趣 ( )	(12) 寢 ( )

❸ 다음 漢字語를 漢字로 쓰세요.

(1) 충치(세균의 작용에 의해 이가 차츰 썩어 들어가는 질환)

(2) 취미(어떤 사람이 여가 시간에 즐거움을 맛보기 위해 자주 하는 흥미로운 일)

(3) 예측(미리 짐작하는 것)

(4) 완치(병을 완전히 고침)

(5) 방침(앞으로 일을 처리해 나갈 방향과 계획)

(6) 침상(누워 잘 수 있게 만든 평상)

(7) 취업(어떤 직업을 택하여 생계를 잇는 일)

(8) 심층(속의 깊은 층)

(9) 치안(①나라를 편안하게 잘 다스리는 것 ②국가 사회의 안녕과 질서를 유지,
　　　　보전하는 것)

(10) 침공(침범하여 공격하는 것)

❹ 다음에 例示한 漢字語 중에서 앞 글자가 長音으로 發音되는 것을 골라 그 番號를
쓰세요.

(1) ① 毒蟲 ② 設置 ③ 取得 ④ 治山

(2) ① 縮小 ② 就業 ③ 推進 ④ 招來

(3) ① 寢食 ② 銃傷 ③ 方針 ④ 測量

(4) ① 治安 ② 蟲齒 ③ 層階 ④ 趣味

❺ 다음 漢字와 뜻이 상대 또는 반대되는 漢字를 써서 漢字語를 만드세요.

例 江 - (山)

(1) (　　　) - 寢　　　　　　(2) 安 - (　　　)

(3) (　　　) - 冷　　　　　　(4) 甘 - (　　　)

❻ 다음 漢字와 뜻이 비슷한 漢字를 써서 漢字語를 만드세요.

> 例　　河 − (川)

(1) (　　　　) − 就　　　　　　　　(2) 趣 − (　　　　　)
(3) 層 − (　　　　　)　　　　　　　(4) 政 − (　　　　　)

❼ 다음 漢字語의 (　　)안에 알맞은 漢字를 쓰세요.

> 例　　見(物)生心 : 실물을 보면 욕심이 생김

(1) 日(　　　)月將 : 날로 달로 자라거나 나아감
(2) 角者無(　　　) : 한 사람이 모든 재주나 복을 다 가질 수 없음
(3) (　　　)山(　　　)水 : 산과 내를 잘 관리하고 돌봐 홍수나 가뭄 따위의 재해를
　　　　　　　　　　　　　입지 않도록 예방함
(4) 頂門一(　　　) : 정수리에 일침을 놓는다는 말로 따끔한 말로 비판이나 타이름
　　　　　　　　　　 을 뜻함

❽ 다음 漢字의 部首로 맞는 것을 골라 그 番號를 쓰세요.

(1) 層 − (① 尸 ② 曾 ③ 八 ④ 日)
(2) 置 − (① 直 ② 罒 ③ 十 ④ 目)
(3) 就 − (① 京 ② 亠 ③ 尤 ④ 犬)
(4) 趣 − (① 走 ② 取 ③ 耳 ④ 又)

❾ 다음 漢字語의 뜻을 쓰세요.

(1) 侵入 :
(2) 測定 :
(3) 放置 :
(4) 取得 :

❿ 다음 漢字의 略字(획수를 줄인 漢字)를 쓰세요.

(1) 蟲 　(　　　　　)　　　　　　(2) 齒 　(　　　　　)
(3) 鐵 　(　　　　　)　　　　　　(4) 對 　(　　　　　)

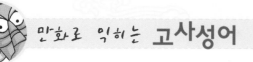
畵 그림 화   龍 용 룡   點 점 점   睛 눈동자 정

畵龍點睛은 이 고사에서 유래되어 **사물의 가장 중요한 부분을 마무리하여 완성시키다**의 뜻을 나타낸다.

남북조 시대 양나라에 장승요라는 유명한 화가가 있었다. 어느 날 용그림을 벽화로 그려 달라는 부탁을 받아 네 마리의 용이 완성되었다.

정말 멋진 그림이군요. 마치 용이 살아 움직여 꿈틀거릴 것만 같소.

그런데 왜 용의 눈동자가 없지요?

그건 용의 눈에 눈동자를 그려 넣으면 용은 당장 하늘로 올라가 버릴 것이기 때문에 눈동자를 그려 넣을 수 없소.

아니 그런게 어딧소. 빨리 용의 눈을 그려서 완성해 보시오.

그럼 어쩔 수 없군.

장승요가 용(龍) 눈동자(睛)에 점(點)을 그리는(畵) 순간 천둥이 치고 번개가 번쩍거리더니 용 한 마리가 하늘로 올라가 버리고 나머지 세 마리는 남아 있었다고 한다.

뜨이웅!!

퍼즐로 한자를

아래의 풀이에 알맞은 한자를 쓰세요.

		①病		②		③	④		將
⑤寄			⑥	山			任		
							式		
			水						
							⑦角		
							者		
⑧									
向		⑨頂		⑩		⑪		有	

▶ 가로 열쇠
③ 날로 달로 자라거나 번창함
⑤ 사람이나 가축에 기생하여 병해를 일으키는 생물
⑥ 산에 오름
⑧ 여가 시간에 즐거움을 맛보기 위해 자주하는 것
⑨ 따끔한 충고 또는 가르침
⑪ 가진 것이 없음

▼ 세로 열쇠
① 식물이 병균이나 벌레에 의해 입는 해
② 산을 잘 다스리고 물을 잘 다스리는 것
④ 어느 직무에 부임하였을 때 행하는 의식
⑦ 뿔이 있는 사람은 이가 없다는 말로 한 사람이 모든 재주를 겸비하지는 못한다는 뜻
⑧ 사람의 흥미나 관심이 쏠리는 방향이나 경향
⑩ 바늘과 실, 바느질

4급 한자능력검정시험

	稱 일컬을 칭		快 쾌할 쾌
	彈 탄알 탄		歎 탄식할 탄
	脫 벗을 탈		探 찾을 탐
	態 모습 태		擇 가릴 택
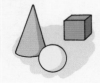	討 칠 토		痛 아플 통
	統 거느릴 통		退 물러날 퇴

✏️ 다음 한자의 훈음을 알아 보고 빈 칸에 알맞게 쓰세요.

훈 일컬을   음 칭

훈 쾌할   음 쾌

禾(벼 화)가 뜻부분, 爯(나란히 들 승)이 음부분이다. 곡식을 양손에 들고 무게를 가늠하다라는 뜻을 나타내었는데 후에 '**칭찬하다, 일컫다**' 등으로 쓰이게 되었다.

心(마음 심)이 뜻부분, 夬(터놓을 쾌)가 음부분이다. 편하여 마음이 놓이는 모양을 나타내었다. '**상쾌하다, 건강하다**' 등을 뜻한다.

禾부수 총 14획							稱稱稱稱稱稱稱稱稱稱
稱	稱	稱	稱	稱	稱	稱	稱
							약자
일컬을 **칭**	일컬을 칭						**称**

| 어휘 : 稱讚(칭찬) 略稱(약칭) | 유의어 : 頌(칭송할/기릴 송), 讚(기릴 찬) |

忄(心)부수 총 7획							快快快快快快快
快	快	快	快	快	快	快	快
쾌할 **쾌**	쾌할 쾌						

| 어휘 : 快感(쾌감) 快樂(쾌락) | 모양이 비슷한 한자 : 決(결단할 결) |

월   일   이름: 확인:

✏️ 다음 한자의 훈음을 알아 보고 빈 칸에 알맞게 쓰세요.

훈 탄알   음 탄:

弓(활 궁)이 뜻부분, 單(홑 단)이 음부분이다.
화살의 시위에 돌을 얹어 놓은 모습을 나타낸
글자로 **'탄알'**을 뜻한다.

훈 탄식할   음 탄:

𡀤(=難:어려울 난)이 음부분, 欠(하품 흠)이
뜻부분이다. 어려움을 만나 한숨을 쉰다는데서
'탄식하다, 한숨쉬다' 등을 뜻한다.

弓부수 총 15획	彈 彈 彈 彈 彈 彈 彈 彈 彈 彈 彈 彈 彈 彈 彈

彈	彈	彈	彈	彈	彈	彈	彈
탄알 **탄**							약자 彈
	탄알 탄						

어휘 : 防彈(방탄) 彈力(탄력)

欠부수 총 15획	歎 歎 歎 歎 歎 歎 歎 歎 歎 歎 歎 歎 歎 歎 歎

歎	歎	歎	歎	歎	歎	歎	歎
탄식할 **탄**							
	탄식할 탄						

사자성어 : 亡羊之歎(망양지탄) - 학문이나 그 범위가 넓고 갈래가 많아
　　　　　길을 잡기 어려움.

유의어 : 嘆(탄식할 탄)
모양이 비슷한 한자 : 難(어려울 난)

✏️ 다음 한자의 훈음을 알아 보고 빈 칸에 알맞게 쓰세요.

�‍
훈 벗을　음 탈

月(=肉)이 뜻부분, 兌(바꾸다 태)가 음부분이다. 살이 바짝 마르다가 본뜻인데 후에 '**빠지다, 벗어나다**' 등을 뜻하게 되었다.

探
훈 찾을　음 탐

手(손 수)가 뜻부분, 深(깊을 심)이 음부분이다. 깊숙이 있는 것을 찾는다는데서 '**찾다**'를 뜻한다.

月(肉)부수 총 11획	脫 脫 脫 脫 脫 脫 脫 脫 脫 脫 脫

脫

벗을 **탈**

脫	脫	脫	脫	脫	脫	脫
벗을 탈						

어휘 : 脫落(탈락) 脫出(탈출)	상대반의어 : 着(입을 착)

扌(手)부수 총 11획	探 探 探 探 探 探 探 探 探 探 探

探

찾을 **탐**

探	探	探	探	探	探	探
찾을 탐						

어휘 : 探問(탐문) 探訪(탐방)	유의어 : 索(찾을 색 : 준3급)
	모양이 비슷한 한자 : 深(깊을 심)

월   일   이름: 확인:

✏️ 다음 한자의 훈음을 알아 보고 빈 칸에 알맞게 쓰세요.

훈 모습   음 태:

能(능할 능)과 心(마음 심)이 합쳐진 것으로, 마음의 능력이 겉으로 드러난다는데서, **'모습, 형상'** 등을 뜻한다.

훈 가릴   음 택

手(손 수)가 뜻부분, 睪(엿볼 역)이 음부분이다. 사물을 잘 살피고 손으로 고르다라는데서 **'가리다, 고르다'** 등을 뜻한다.

| 心부수 총 14획 | 態 態 態 態 態 態 態 態 態 態 態 態 態 態 |

| 態 |
| 모습 **태** |

사자성어 : 舊態依然(구태의연) – 조금도 진보 발전되지 못하고 예나 이제나 다름이 없다.

유의어 : 狀(형상 상), 形(모양 형), 姿(모양 자)
모양이 비슷한 한자 : 熊(곰 웅 : 2급)

| 扌(手)부수 총 16획 | 擇 擇 擇 擇 擇 擇 擇 擇 擇 擇 擇 擇 擇 |

| 擇 |
| 가릴 **택** |

약자

択

어휘 : 選擇(선택) 採擇(채택)
사자성어 : 兩者擇一(양자택일) – 둘 가운데서 하나를 가려 잡음.

유의어 : 選(가릴 선)

✏️ 다음 한자의 훈음을 알아 보고 빈 칸에 알맞게 쓰세요.

討

훈칠   음토(:)

잘못된 사람을 붙잡아(寸=又, 손) 그 잘못된 점을 따지다라는 뜻에서 **'논의하다, 치다, 벌하다'** 등을 뜻한다.

痛

훈아플   음통:

广(병질 엄)이 뜻부분, 甬(길 용)이 음부분이다. 甬은 通(통할 통)의 생략형이다. 병이 몸에 들어와 몸이 **'아프다, 몹시'** 등을 뜻한다.

言부수 총 10획	討討討討討討討討討討

討

칠 **토**

어휘 : 討論(토론) 討伐(토벌)	유의어 : 伐(칠 벌)

广부수 총 12획	痛痛痛痛痛痛痛痛痛痛痛痛

痛

아플 **통**

어휘 : 痛快(통쾌) 痛歎(통탄)	유의어 : 苦(괴로울 고)

✏️ 다음 한자의 훈음을 알아 보고 빈 칸에 알맞게 쓰세요.

훈 거느릴   음 통:

糸(실 사)가 뜻부분, 充(채울 충)이 음부분이다. 실마리가 본뜻으로 실마리를 잡으면 줄줄이 끌어당길 수 있기에 **'거느리다, 합치다, 모두'** 등을 뜻한다.

훈 물러날   음 퇴:

辶(쉬엄쉬엄 갈 착)과 艮(그칠 간)이 합쳐진 글자이다. 나아가기를 멈추고 **'물러나는 것'**을 나타내었다.

糸 부수 총 12획	統 統 統 統 統 統 統 統 統 統 統 統

統

거느릴 **통**

| 어휘 : 統計(통계) 傳統(전통) | 유의어 : 率(거느릴 솔) |

辶(辵)부수 총 10획	退 退 退 退 退 退 退 退 退 退

退

물러날 **퇴**

사자성어 : 進退兩難(진퇴양난) – 나아가기도 물러나기도 어려운 매우 난처한 처지에 놓여 있음.

상대반의어 : 進(나아갈 진)

※ 다음 글을 읽고 물음에 답하시오. (❶ ~ ❷)

> 우리는 獨創的⁽¹⁾이고 과학적⁽⁵⁾인 우리만의 자랑스러운 문자 '한글'을 가지고 있습니다. 그렇기에 우리의 문자를 우리가 아끼고 발전시켜야 함은 물론입니다. 그러나 우리의 문자를 갈고 닦는 문제와 우리 역사⁽⁶⁾와 문화 속의 한자, 한문에 대한 認識⁽²⁾의 문제는 별개⁽⁷⁾의 것으로 다른 각도⁽⁸⁾에서 연구되어야 함에도 불구하고 한자, 한문을 우리 한글과 동일선상에서 취급하는 오해로 인해 한자, 한문이 홀대되고 있는 실정⁽⁹⁾입니다.
>
> 한자, 한문은 우리의 역사 속에 면면이 이어 내려온 우리의 문화 遺産⁽³⁾의 한 부분⁽¹⁰⁾이라는 점에서 논의⁽¹¹⁾의 출발을 삼아야 합니다. 과거 한글이 創製⁽⁴⁾되기 이전이나 창제된 이후에도 한자, 한문은 우리 문화 전통⁽¹²⁾의 일부였고 지금도 마찬가지입니다. 이 점이 한자, 한문에 대한 올바른 인식이 되는 것입니다.

❶ 윗글에서 밑줄 친 漢字語 (1)~(4)의 讀音을 쓰세요.

(1) 獨創的　(　　　　　)　　(2) 認識　(　　　　　)

(3) 遺産　(　　　　　)　　(4) 創製　(　　　　　)

❷ 윗글에서 밑줄 친 漢字語 (5)~(12)를 漢字로 쓰세요.

(5) 과학적　(　　　　　)　　(6) 역사　(　　　　　)

(7) 별개　(　　　　　)　　(8) 각도　(　　　　　)

(9) 실정　(　　　　　)　　(10) 부분　(　　　　　)

(11) 논의　(　　　　　)　　(12) 전통　(　　　　　)

❸ 다음 漢字語의 讀音을 쓰세요.

(1) 稱號　(　　　　　)　　(2) 防彈　(　　　　　)

(3) 腹痛　(　　　　　)　　(4) 姿態　(　　　　　)

(5) 稱讚　(　　　　　)　　(6) 態勢　(　　　　　)

(7) 稱頌　(　　　　　)　　(8) 脫黨　(　　　　　)

(9) 愛稱　(　　　　　)　　(10) 擇一　(　　　　　)

(11) 離脫   (   )   (12) 快擧   (   )
(13) 討議   (   )   (14) 脫落   (   )
(15) 討伐   (   )   (16) 快適   (   )
(17) 明快   (   )   (18) 統合   (   )
(19) 指彈   (   )   (20) 探求   (   )
(21) 隱退   (   )   (22) 選擇   (   )
(23) 退場   (   )   (24) 形態   (   )
(25) 感歎   (   )   (26) 歎息   (   )
(27) 悲痛   (   )   (28) 檢討   (   )
(29) 採擇   (   )   (30) 統一   (   )

④ 다음 訓과 音에 맞는 漢字를 쓰세요.

(1) 거느릴 통 (   )   (2) 쾌할 쾌   (   )
(3) 아플 통 (   )   (4) 탄식할 탄 (   )
(5) 가릴 택 (   )   (6) 찾을 탐   (   )

⑤ 다음 漢字와 뜻이 상대 또는 반대되는 漢字를 써서 漢字語를 만드세요.

例   江 - (山)

(1) 進 - (   )   (2) 文 - (   )
(3) 難 - (   )   (4) 新 - (   )

⑥ 다음 漢字와 뜻이 비슷한 漢字를 써서 漢字語를 만드세요.

例   河 - (川)

(1) 保 - (   )   (2) (   ) - 擇
(3) 姿 - (   )   (4) 討 - (   )

월   일 이름   확인

❼ 다음 漢字語의 (   )안에 알맞은 漢字를 쓰세요.

> 例   見(物)生心 : 실물을 보면 욕심이 생김

(1) 亡羊之(   ) : ① 학문이나 그 범위가 넓고 갈래가 많아 길을 잡기 어려움
　　　　　　　　　　② 어떤 일에 방법을 찾지 못함

(2) 進(   )兩難 : 나아가지도 물러나지도 못하는 매우 난처한 처지에 놓여 있음

(3) 風樹之(   ) : 효도를 다하지 못한 채 어버이를 여읜 자식의 슬픔

(4) 殺生有(   ) : 세속오계의 하나. 살생을 할 때 가려서 하라는 말. 곧 함부로
　　　　　　　　　　살생을 하지 말라는 말

❽ 다음 漢字의 部首로 맞는 것을 골라 그 番號를 쓰세요.

(1) 探 – (① 一 ② 扌 ③ 儿 ④ 木)

(2) 彈 – (① 弓 ② 單 ③ 口 ④ 車)

(3) 脫 – (① 八 ② 口 ③ 月 ④ 兄)

(4) 態 – (① 厶 ② 月 ③ 匕 ④ 心)

❾ 다음 漢字語의 뜻을 쓰세요.

(1) 愛稱 :

(2) 採擇 :

(3) 退職 :

(4) 探査 :

❿ 다음 漢字의 略字(획수를 줄인 漢字)를 쓰세요.

(1) 稱 – (　　　　) 　　　　(2) 彈 – (　　　　)

(3) 擇 – (　　　　) 　　　　(4) 亂 – (　　　　)

良 좋을 량　藥 약 약　苦 쓸 고　口 입 구

良藥苦口는 장량의 말에서 나온 성어로 **몸에 좋은 약은 입에 쓰다**는 뜻으로 충성스러운 말은 듣기에는 거슬리나 자신에게는 도움이 된다는 표현이다.

유방이 함양을 먼저 점령하여, 왕궁에 들어가 보니, 온갖 금은보화와 궁녀들에 마음을 빼앗겨 그냥 왕궁을 차지하고 머무르려 하였다.

번쾌

신 번쾌가 아뢰옵니다. 폐하!

아직 천하가 통일 되지 않았으니 다른 곳에 진을 치십시오.

하하하, 난 이곳이 아주 마음에 드는 구료.

유방이 말을 듣지 않자 이번에는 장량이 찾아가 말했다.

장량~

뭣이! 고얀~

폐하께서는 천하를 완전히 통일하고 백성을 편안하게 하여야 하는데 미녀들과 궁전의 화려함에 현혹되어 이 곳에 머물면 폭군인 주왕과 걸왕처럼 악행을 일삼게 될것입니다.

원래 충성스러운 말은 귀에 거슬리고 몸에 좋은 (良) 약(藥)은 입(口)에 쓰다(苦)고 했습니다.

음…. 잠시 나의 생각이 짧았구료.

이에 깨달은 유방은 왕궁에서 물러나 패상이라는 곳에 진을 쳤다.

아래의 풀이에 알맞은 한자를 쓰세요.

① 後	②					③		④ 兩		
					⑤		有			
			⑥ 亡							
			之			⑦ 腹				
⑧ 風		之			⑨			⑩ 大	⑪	領

▶ 가로 열쇠

① 뒤로 물러나는 것

③ 나아가지도 물러나지도 못하는 매우 난처한 처지에 놓여 있음

⑤ 살생을 할 때는 가려서 하라는 말

⑧ 효도를 다하지 못한채 부모를 여읜 슬픔을 이르는 말

⑨ 이가 아픈 증세

⑩ 외국에 대하여 국가를 대표하는 국가의 원수

▼ 세로 열쇠

② 직장을 그만두고 직위나 직책에서 그만 두는 것

④ 둘 중 하나를 택함

⑥ 학문이나 그 범위가 넓고 갈래가 많아 길을 잡기 어려움

⑦ 위나 장 등에 통증을 느끼는 상태

⑪ 어떤 자료나 정보를 분석 정리하여 그 내용을 특징짓는 횟수, 빈도, 비율 등의 수치를 산출해내는 일

投 던질 투

 鬪 싸움 투

波 물결 파

派 갈래 파

 破 깨뜨릴 파

 判 판단할 판

 篇 책 편

 評 평할 평

 閉 닫을 폐

 布 베 포
보시 보

 包 쌀 포

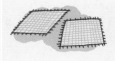 胞 세포 포

✏️ 다음 한자의 훈음을 알아 보고 빈 칸에 알맞게 쓰세요.

투 | 훈 던질   음 투

훈 싸움   음 투

手(손 수)와 殳(창 수)가 합쳐진 것으로, **'던지다, 주다, 보내다'** 등을 뜻한다.

鬥(싸울 투)가 뜻부분, 斲(세울 주)가 음부분이다. 鬥는 두 사람이 주먹 싸움을 벌이고 있는 모습을 본뜬 것으로 **'싸우다, 다투다'** 등을 뜻한다.

扌(手)부수 총 7획   投投投投投投投

投

던질 **투**

사자성어 : 漢江投石(한강투석) – 한강에 돌 던지기, 즉 아무리 해도 헛된 일을 하는 어리석은 행동을 이르는 말.
以卵投石(이란투석) – 턱없이 약한 것으로 엄청나게 강한 것을 당해 내려는 어리석음을 비유하는 말.

鬥부수 총 20획   鬪鬪鬪鬪鬪鬪鬪鬪鬪鬪鬪鬪鬪鬪

鬪

싸움 **투**

어휘 : 鬪爭(투쟁) 鬪牛(투우)   **유의어** : 爭(다툴 쟁), 戰(싸움 전)

✏️ 다음 한자의 훈음을 알아 보고 빈 칸에 알맞게 쓰세요.

훈 물결   음 파

水(물 수)가 뜻부분, 皮(가죽 피)가 음부분이다.
물의 표면이 흔들리면서 생기는 '파도'를 나타
내었다.

훈 갈래   음 파

水(물 수)와 脈(줄기 맥)이 합쳐진 것인데, 물(水)
이 길게(永) 흐르는 중에는 갈래가 있기 마련이므
로 '물갈래, 분파, 가르다' 등을 뜻한다.

氵(水)부수 총 8획

波波波波波波波波

波

물결 **파**

| 어휘 : 波高(파고) 波動(파동) | 유의어 : 浪(물결 랑 : 준 3급) |

사자성어 : 江湖煙波(강호연파) – 강이나 호수 위에 안개처럼 보얗게 이는 기운.

氵(水)부수 총 9획

派派派派派派派派派

派

갈래 **파**

어휘 : 派兵(파병) 黨派(당파) 分派(분파)

✏️ 다음 한자의 훈음을 알아 보고 빈 칸에 알맞게 쓰세요.

훈 깨뜨릴　　음 파:

石(돌 석)과 皮(가죽 피)가 합쳐진 것으로, 돌로 쳐서 '**깨뜨려**' 표면이 떨어져 나가게 한다는 뜻을 나타내었다.

훈 판단할　　음 판

半(절반 반)과 刀(칼 도)가 합쳐진 것으로, 어떤 물건을 칼로 절반을 나누어 이것과 저것을 정확히 분별한다는 뜻으로 '**판가름하다**'를 뜻한다.

石부수 총 10획　　　　　　　　破 破 破 破 破 破 破 破 破 破

破

깨뜨릴 **파**

깨뜨릴 파

사자성어 : 破竹之勢(파죽지세) – 세력이 강하여 거침없이 물리치면서 쳐들어가는 기세.

모양이 비슷한 한자어 : 波(물결 파), 坡(언덕 파)

刂(刀)부수 총 7획　　　　　　　　判 判 判 判 判 判 判

判

판단할 **판**

판단할 판

어휘 : 判斷(판단) 判決(판결)
사자성어 : 身言書判(신언서판) – 인물을 평가하는 네 가지 기준. 즉 용모, 말씨, 글씨와 판단력.

✏️ 다음 한자의 훈음을 알아 보고 빈 칸에 알맞게 쓰세요.

훈 책   음 편

竹(대 죽)이 뜻부분, 扁(넓적할 편)이 음부분이다. 옛날에 대쪽으로 책을 엮어 만든데서 '책, 글, 작품' 등을 뜻한다.

훈 평할   음 평:

言(말씀 언)이 뜻부분, 平(평평할 평)이 음부분이다. 사실의 옳고 그름이나 사물의 우열 등에 대하여 말로 '평하다' 라는 뜻이다.

竹부수 총 15획	篇篇篇篇篇篇篇篇篇笲笲篤篤篇篇

篇

篇 篇 篇 篇 篇 篇 篇

책 **편**

어휘 : 詩篇(시편) 玉篇(옥편)   유의어 : 冊(책 책)
사자성어 : 千篇一律(천편일률) – 여러 시문의 글귀가 서로 비슷하여 다름이 없음.

言부수 총 12획	評評評評評評評評評評評評

評

評 評 評 評 評 評 評

평할 **평**

어휘 : 評論(평론) 評價(평가)   유의어 : 批(비평할 비)

✏️ 다음 한자의 훈음을 알아 보고 빈 칸에 알맞게 쓰세요.

훈 닫을   음 폐:

門(문 문)과 才(재주 재)가 합쳐진 것으로, 문에 빗장이 걸려 있는 모습에서, **'닫다'**를 뜻한다.

훈 베/보시   음 포(:)/보:

巾(수건 건)이 뜻부분, 父(아버지 부)가 음부분이다. **'베, 펴다'** 등을 뜻한다.

門부수 총 11획				閉 閉 閉 閉 閉 閉 閉 門 門 閉 閉			
閉 닫을 **폐**	閉	閉	閉	閉	閉	閉	閉
	닫을 폐						

어휘 : 閉幕(폐막) 開閉(개폐)	상대반의어 : 開(열 개)

巾부수 총 5획				布 布 布 布 布			
布 베 **포** 보시 **보**	布	布	布	布	布	布	布
	베 포/보시 보						

어휘 : 布告(포고) 布木店(포목점)	유의어 : 宣(베풀 선)

사자성어 : 布衣之交(포의지교) – 구차하고 보잘 것 없는 선비였을 때의 사귐.

✏️ 다음 한자의 훈음을 알아 보고 빈 칸에 알맞게 쓰세요.

훈 쌀   음 포(:)

태아(巳)를 감싸고(勹) 있는 모양을 본뜬 글자이다. '감싸다, 꾸러미' 등을 뜻한다.

훈 세포   음 포(:)

月(=肉)이 뜻부분, 包(쌀 포)가 음부분이다. 사람이 아기를 품고 있는데서, '태보, 세포' 등을 뜻한다.

勹부수 총 5획						包 勹 勹 勹 包
包 쌀 **포**	包	包	包	包	包	包

| 어휘 : 包容(포용) 包圍(포위) 包裝(포장)

月(肉)부수 총 9획						胞 胞 胞 胞 胞 胞 胞 胞 胞
胞 세포 **포**	胞	胞	胞	胞	胞	胞

| 어휘 : 細胞(세포) 同胞(동포) 胞子(포자)

❶ 다음 漢字語의 讀音을 쓰세요.

(1) 破局　(　　　)　(2) 閉門　(　　　)

(3) 投石　(　　　)　(4) 細胞　(　　　)

(5) 破産　(　　　)　(6) 投球　(　　　)

(7) 判別　(　　　)　(8) 投降　(　　　)

(9) 評論　(　　　)　(10) 寸評　(　　　)

(11) 包裝　(　　　)　(12) 詩篇　(　　　)

(13) 戰鬪　(　　　)　(14) 批判　(　　　)

(15) 宣布　(　　　)　(16) 激鬪　(　　　)

(17) 讀破　(　　　)　(18) 風波　(　　　)

(19) 閉講　(　　　)　(20) 談判　(　　　)

(21) 波動　(　　　)　(22) 布木　(　　　)

(23) 內包　(　　　)　(24) 派兵　(　　　)

(25) 批評　(　　　)　(26) 判斷　(　　　)

(27) 分派　(　　　)　(28) 長篇　(　　　)

(29) 黨派　(　　　)　(30) 判讀　(　　　)

❷ 다음 漢字의 訓과 音을 쓰세요.

(1) 評　(　　　)　(2) 鬪　(　　　)

(3) 波　(　　　)　(4) 胞　(　　　)

(5) 破　(　　　)　(6) 判　(　　　)

(7) 投　(　　　)　(8) 包　(　　　)

(9) 閉　(　　　)　(10) 布　(　　　)

(11) 派　(　　　)　(12) 篇　(　　　)

월   일 | 이름 | 확인

❸ 다음 밑줄 친 漢字語를 漢字로 쓰세요.

(1) 월남전에 우리 나라 군인들이 <u>파병</u>되었다.
(2) 진위를 <u>판별</u>하기가 힘들다.
(3) 박찬호 선수가 전력 <u>투구</u>를 하였습니다.
(4) 다음 작품에 대한 <u>강평</u>이 있겠습니다.
(5) 올림픽 <u>폐회식</u>은 정말로 멋있었습니다.
(6) 이 상품을 <u>포장</u>해 주십시오.
(7) 사업 실패로 <u>파산</u> 지경에 이르렀다.
(8) 그는 세상의 온갖 <u>풍파</u>를 헤쳐 나온 사람입니다.
(9) 노조가 임금인상을 위해 <u>투쟁</u>하고 있습니다.
(10) 계엄령이 <u>선포</u>되었다.

❹ 다음 訓과 音에 맞는 漢字를 쓰세요.

(1) 쌀 포   (   )   (2) 평할 평   (   )
(3) 물결 파 (   )   (4) 갈래 파   (   )
(5) 베 포/보시 보 (   )   (6) 판단할 판   (   )

❺ 다음 漢字와 뜻이 상대 또는 반대되는 漢字를 써서 漢字語를 만드세요.

例   江 – (山)

(1) 開 – (   )   (2) 夫 – (   )
(3) (   ) – 夕   (4) 送 – (   )

❻ 다음 漢字와 뜻이 비슷한 漢字를 써서 漢字語를 만드세요.

例   河 – (川)

(1) 稱 – (   )   (2) 退 – (   )
(3) 戰 – (   )   (4) 批 – (   )

❼ 다음 漢字語의 ( )안에 알맞은 漢字를 쓰세요.

例　見(物)生心 : 실물을 보면 욕심이 생김

(1) 漢江(　　)石 : 한강에 돌을 던진다는 뜻으로, 아무리 해도 헛된 일을 하는
어리석은 행동을 이르는 말
(2) 身言書(　　) : 인물을 평가하는 네 가지 기준. 즉 용모, 말씨, 글씨와 판단력
(3) (　　)竹之勢 : 세력이 강하여 거침 없이 물리치면서 쳐들어가는 기세
(4) 千(　　)一律 : 여러 시문의 글귀가 서로 비슷하여 다름이 없음
(5) 以卵(　　)石 : 턱없이 약한 것으로 엄청나게 강한 것을 당해 내려는 어리석
음을 비유한 말

❽ 다음 漢字와 소리는 같으나 뜻이 다른 漢字語를 쓰세요.

例　山水 - (算數)

(1) 投機 - (　　　　) 　　　　(2) 破産 - (　　　　)
(3) 評價 - (　　　　)

❾ 다음 漢字語의 뜻을 쓰세요.

(1) 投石 :
(2) 包容 :
(3) 風波 :
(4) 寸評 :

❿ 다음 漢字의 略字(획수를 줄인 漢字)를 쓰세요.

(1) 斷 - (　　　　) 　　　　(2) 滿 - (　　　　)
(3) 體 - (　　　　) 　　　　(4) 傳 - (　　　　)

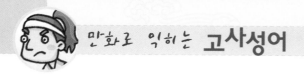
一 한 일　擧 들 거　兩 두 량　得 얻을 득

一擧兩得은 한 가지 일을 하여 두 가지 이익을 동시에 얻는 것을 뜻한다. 비슷한 성어로는 일석이조(一石二鳥) 등이 있다.

노나라에 변장자라는 용맹한 사람이 있었다. 어느날 호랑이 두 마리가 나타났다는 소문을 듣고 산으로 올라갔다.

과연 저기 호랑이 두 마리가 있군.

저 두 마리를 잡아야겠다.

잠시만요.

지금 호랑이 두 마리가 소 한 마리를 두고 싸우니 힘이 약한 호랑이는 물려죽을 것이고, 힘센 호랑이도 상처를 입고 힘이 빠지게 될 것입니다. 그러니 지금 잡지말고 그 때를 기다려서 잡으면 두 마리를 힘들이지 않고 다 잡게 될 것입니다.

오~

헤헤~!! 어놈 곱게 죽을 것이지~

지금이 기회다!

변장자는 한꺼번에 두 마리의 호랑이를 잡았다고 유명해졌습니다.

하하, 네 덕택에 다잡을 수 있었구나.

이것이 한가지(一) 일을 하여(擧) 두 가지(兩) 이익을 얻는(得) 것이죠.

✏ 아래의 풀이에 알맞은 한자를 쓰세요.

① 漢 ② ③ 竹

④ ⑤ 告

⑥ 木

⑦ 言 ⑧ ⑨

⑩ 千

無

▶ 가로 열쇠
① 한강에 돌 던지기. 아무런 영향을 미치지 못함
③ 세력이 강하여 거침없이 물리치면서 쳐들어가는 기세
④ 상대국과 전쟁 상태에 들어감을 선포함
⑦ 예사로운 말 같으나 그 속에 단단한 속뜻이 들어 있음
⑩ 여러 시문의 글귀가 서로 비슷하여 다름이 없음

▼ 세로 열쇠
② 내야의 중앙에 서서 타자가 칠 공을 던지는 사람
③ 깨어진 거울이라는 뜻으로 부부가 헤어지는 일을 비유함
⑤ 베와 무명 따위를 파는 상점
⑥ 인물을 평가하는 네 가지 기준. 용모, 말씨, 글씨와 판단력
⑧ 미리 준비 해 두면 근심될 것이 없음
⑨ 복잡한 구성으로 사회와 인생을 총체적으로 그리며 길이가 긴 소설

4급 한자능력검정시험

⑤과정

 砲 대포 포

 爆 불터질 폭

 標 표할 표

 疲 피곤할 피

 恨 한 한

 閑 한가할 한

 暴 사나울 폭
모질 포

 票 표 표

 豊 풍년 풍

 避 피할 피

 限 한할 한

 抗 겨룰 항

✏️ 다음 한자의 훈음을 알아 보고 빈 칸에 알맞게 쓰세요.

훈 대포   음 포:

石(돌 석)이 뜻부분, 包(쌀 포)가 음부분이다. 돌을 퉁기어 날려서 적을 쏘는 무기 즉, '대포'를 뜻한다.

훈 사나울/모질   음 폭/포:

日(날 일), 廾(받들 공), 出(날 출), 米(쌀 미)가 합쳐진 것이다. 해가 뜨자 벼를 받들어 말린다는 뜻인데, 뒤에 '사납다' 라는 뜻으로 가차되었고, 말린다는 뜻으로는 曝(쬘 폭)자를 새로 만들어 썼다.

石부수 총 10획	砲 砲 砲 砲 砲 砲 砲 砲 砲 砲						
砲 대포 **포**	砲	砲	砲	砲	砲	砲	砲
	대포 포						

| 어휘 : 大砲(대포) 砲兵(포병) 砲聲(포성)

日부수 총 15획	暴 暴 暴 暴 暴 暴 暴 暴 暴 暴 暴 暴 暴 暴 暴						
暴 사나울 **폭** 모질 **포**	暴	暴	暴	暴	暴	暴	暴
	사나울 폭/모질 포						

| 어휘 : 暴力(폭력) 暴君(폭군) | 유의어 : 虐(모질 학 : 2급)

✏️ 다음 한자의 훈음을 알아 보고 빈 칸에 알맞게 쓰세요.

爆

훈 불터질   음 폭

火(불 화)가 뜻부분, 暴(사나울 폭)이 음부분이다. 불꽃이 맹렬하게 터지는 모습에서 '**불터지다**'를 뜻한다.

票

훈 표   음 표

'**쪽지, 증표**' 등을 뜻하는 한자이다.

火부수 총 19획

爆 爆 爆 爆 爆 爆 爆 爆 爆 爆 爆 爆 爆

爆

불터질 **폭**

불터질 폭

| 어휘 : 爆發(폭발) 爆笑(폭소) | 모양이 비슷한 한자 : 曝(쬘 폭)

示부수 총 11획

票 票 票 票 票 票 票 票 票 票 票

票

표 **표**

표 표

| 어휘 : 投票(투표) 開票(개표) 得票(득표)

✏️ 다음 한자의 훈음을 알아 보고 빈 칸에 알맞게 쓰세요.

훈 표할　음 표

木(나무 목)이 뜻부분, 票(표 표)가 음부분이다. 원래는 나뭇가지의 맨 끝을 나타내었는데, 뒤에 '표적, 표시' 등을 뜻하게 되었다.

훈 풍년　음 풍

곡물의 이삭(曲)을 그릇(豆)에 풍성하게 담아 놓은 모습을 본뜬 글자이다. '풍성하다, 넉넉하다' 등을 뜻한다.

木부수 총 15획	標標標標標標標標標標標標標

標

표할 표

어휘 : 標語(표어) 標準(표준)　　　| 모양이 비슷한 한자 : 漂(떠다닐 표 : 3급)

豆부수 총 18획	豐豐豐豐豐豐豐豐豐豐豐

약자
豊

豐

풍년 풍

어휘 : 豐年(풍년) 豐作(풍작)　　　| 상대반의어 : 凶(흉할 흉)

✎ 다음 한자의 훈음을 알아 보고 빈 칸에 알맞게 쓰세요.

훈 피곤할   음 피

广(병질 엄)이 뜻부분, 皮(가죽 피)가 음부분이다. **'지치고 피곤하여'** 마치 병든 것과 같은 상태를 나타내었다.

훈 피할   음 피:

辶(쉬엄쉬엄 갈 착)이 뜻부분, 辟(벽 벽)이 음부분으로, 마주치지 않으려고 길을 돌아간다는 데서 **'피하다, 숨다'** 등을 뜻한다.

广부수 총 10획	疲疲疲疲疲疲疲疲疲疲

疲

피곤할 **피**

어휘 : 疲困(피곤) 疲勞(피로)	유의어 : 困(곤할 곤)

辶(辵)부수 총 17획	避避避避辟辟辟避避避避避避避

避

피할 **피**

어휘 : 避難(피난) 逃避(도피)	유의어 : 逃(달아날 도)

4급 빨리따기

월   일   이름: 확인:

✏️ 다음 한자의 훈음을 알아 보고 빈 칸에 알맞게 쓰세요.

훈한   음한:

心(마음 심)이 뜻부분, 艮(그칠 간)이 음부분이다. 마음 속에 원한을 품다라는데서 **'유감, 한탄'** 등을 뜻한다.

훈한할   음한:

阜(언덕 부)가 뜻부분, 艮(그칠 간)이 음부분이다. 언덕에 막혀 볼 수 없다는데서 **'제한, 경계, 한도'** 등을 뜻한다.

↑(心)부수 총 9획	恨恨恨恨恨恨恨恨恨

恨

한 **한**

어휘 : 恨歎(한탄) 怨恨(원한)	유의어 : 怨(원망할 원)

ß(阜)부수 총 9획	限限限限限限限限限

限

한할 **한**

어휘 : 限界(한계) 權限(권한)	모양이 비슷한 한자 : 恨(한 한)

62 4급 ⑤과정

✏️ 다음 한자의 훈음을 알아 보고 빈 칸에 알맞게 쓰세요.

훈 한가할   음 한

門(문 문)과 木(나무 목)이 합쳐진 것으로, 문 사이에 한가로이 있는 나무라는데서 **'한가하다, 무심하다'**를 뜻한다.

훈 겨룰   음 항:

手(손 수)가 뜻부분, 亢(목 항)이 음부분이다. (손으로) **'막다, 들어올리다'** 등을 뜻한다.

門부수 총 12획	閑閑閑閑閑閑閑閑閑閑閑閑

閑

한가할 **한**

閑	閑	閑	閑	閑	閑	閑

한가할 한

어휘 : 閑暇(한가) 閑談(한담) 閑散(한산)

扌(手)부수 총 7획	抗抗抗抗抗抗抗

抗

겨룰 **항**

抗	抗	抗	抗	抗	抗	抗

겨룰 항

어휘 : 抗議(항의) 抗爭(항쟁)	유의어 : 爭(다툴 쟁)

※ 다음 글을 읽고 물음에 답하시오. (❶ ~ ❷)

溫床⁽¹⁾에서 자란 식물⁽⁵⁾은 노천에 내다놓으면 쉽게 죽고 만다. 그러나 모진 비바람을 견뎌 온 야생의 식물은 생명력⁽⁶⁾이 강하다. 사람도 마찬가지이다. 성공⁽⁷⁾한 사람들의 대부분은 모진 시련을 끝내 이겨낸 사람들이다. 주어진 좋은 환경에 안주⁽⁸⁾하여 고생없이 순탄하게 자란 사람들 가운데 크게 성공한 사람은 극히 드물다. 세상사는 황량한 들판과 같다. 그러기 때문에 나약한 자는 가까운 현실에 타협하고 편승한다. 우리는 여기에서 이 세상을 살아가는 바람직한 인간상을 洞察⁽²⁾해 볼 필요가 있다.

이 세상의 어느 누구도 자기의 인생을 代身⁽³⁾ 살아줄 수 없고 어느 누구도 내가 생각하는 나의 가치 그 이상으로 나를 평가⁽⁹⁾해줄 수가 없다. 나는 내 인생의 주인공으로서 내 인생에 관한 문제는 내 스스로 신중히 생각하고 현명하게 判斷⁽⁴⁾하고 지향⁽¹⁰⁾하는 목표⁽¹¹⁾를 설정⁽¹²⁾하여 실현해 나가야 한다.

❶ 윗글에서 밑줄 친 漢字語 (1)~(4)의 讀音을 쓰세요.

(1) 溫床 (   ) (2) 洞察 (   )
(3) 代身 (   ) (4) 判斷 (   )

❷ 윗글에서 밑줄 친 漢字語 (5)~(12)를 漢字로 쓰세요.

(5) 식물 (   ) (6) 생명력 (   )
(7) 성공 (   ) (8) 안주 (   )
(9) 평가 (   ) (10) 지향 (   )
(11) 목표 (   ) (12) 설정 (   )

❸ 다음 漢字語의 讀音을 쓰세요.

(1) 標識 (   ) (2) 制限 (   )
(3) 標準 (   ) (4) 期限 (   )
(5) 砲彈 (   ) (6) 豊滿 (   )
(7) 怨恨 (   ) (8) 避難 (   )
(9) 閑散 (   ) (10) 砲聲 (   )

(11) 爆彈　（　　　　）　　(12) 疲困　（　　　　）
(13) 閑暇　（　　　　）　　(14) 限界　（　　　　）
(15) 暴惡　（　　　　）　　(16) 抗戰　（　　　　）
(17) 票決　（　　　　）　　(18) 疲勞　（　　　　）
(19) 標的　（　　　　）　　(20) 豊盛　（　　　　）
(21) 暴徒　（　　　　）　　(22) 抗辯　（　　　　）
(23) 暴風　（　　　　）　　(24) 限度　（　　　　）
(25) 爆發　（　　　　）　　(26) 恨歎　（　　　　）

❹ 다음 漢字의 訓과 音을 쓰세요.

(1) 閑　（　　　　）　　(2) 豊　（　　　　）
(3) 爆　（　　　　）　　(4) 票　（　　　　）
(5) 標　（　　　　）　　(6) 恨　（　　　　）
(7) 疲　（　　　　）　　(8) 避　（　　　　）
(9) 砲　（　　　　）　　(10) 限　（　　　　）
(11) 暴　（　　　　）　　(12) 抗　（　　　　）

❺ 다음 漢字와 뜻이 상대 또는 반대되는 漢字를 써서 漢字語를 만드세요.

例　江 – (山)

(1) 豊 – (　　　　)　　(2) 貧 – (　　　　)
(3) 發 – (　　　　)　　(4) 順 – (　　　　)

❻ 다음 漢字와 뜻이 비슷한 漢字를 써서 漢字語를 만드세요.

例　河 – (川)

(1) 鬪 – (　　　　)　　(2) 逃 – (　　　　)
(3) 怨 – (　　　　)　　(4) (　　　　) – 擊

❼ 다음 漢字語의 ( )안에 알맞은 漢字를 쓰세요.

> 例   見(物)生心 : 실물을 보면 욕심이 생김

(1) 惡戰苦( ) : 악조건을 무릅쓰고 죽을 힘을 다하여 싸우는 싸움

(2) ( )衣之交 : 구차하고 보잘 것 없는 선비였을 때의 사귐

(3) 江湖煙( ) : 강이나 호수 위의 안개처럼 보얗게 이는 기운

(4) 一進一( ) : 한 번 나아갔다 한 번 물러섰다 함

❽ 다음 漢字의 部首로 맞는 것을 골라 그 番號를 쓰세요.

(1) 豐 - (① 曲 ② 一 ③ 豆 ④ 幽)

(2) 暴 - (① 恭 ② 水 ③ 共 ④ 日)

(3) 避 - (① 辟 ② 夂 ③ 辛 ④ 辶)

(4) 票 - (① 西 ② 酉 ③ 示 ④ 票)

(5) 疲 - (① 皮 ② 广 ③ 又 ④ 疲)

(6) 砲 - (① 石 ② 勺 ③ 巳 ④ 己)

❾ 다음 漢字語의 뜻을 쓰세요.

(1) 標識 :

(2) 限界 :

(3) 抗戰 :

(4) 暴惡 :

❿ 다음 漢字의 略字(획수를 줄인 漢字)를 쓰세요.

(1) 豐 - ( )   (2) 堅 - ( )

(3) 餘 - ( )   (4) 獨 - ( )

百 일백 백 發 쏠 발 百 일백 백 中 가운데 중

百發百中은 원래는 활쏘기에서 쓰이는 말이었지만 **일이 미리 생각한대로 잘 들어 맞거나 하는 일마다 실패 없이 잘 되어가는 것**을 뜻하게 되었다.

초나라에 양유기라는 활을 잘 쏘는 사람이 있었다.

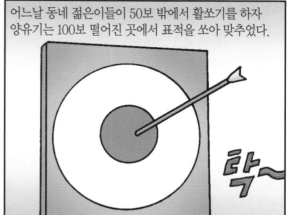

어느날 동네 젊은이들이 50보 밖에서 활쏘기를 하자 양유기는 100보 떨어진 곳에서 표적을 쏘아 맞추었다.

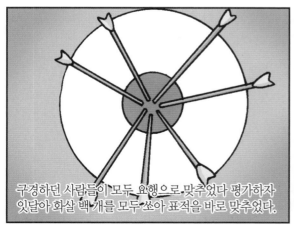

구경하던 사람들이 모두 요행으로 맞추었다 평가하자 잇달아 화살 백 개를 모두 쏘아 표적을 바로 맞추었다.

아래의 풀이에 알맞은 한자를 쓰세요.

① 銃	②		③ 物		④				⑤
								⑥	
			雨						所
	⑦					⑧		歌	
⑨		程							
								⑩	
⑪ 家				成				困	

▶ **가로 열쇠**
① 총, 소총과 대포
③ 상품이나 서비스의 가격 수준이 갑자기 큰 폭으로 떨어짐
⑥ 투표에서 찬성의 표를 얻는 것
⑧ 풍년을 기뻐하며 부르는 노래
⑨ 거리를 적어 세운 푯말이나 표석
⑩ 과로로 인하여 몸이나 정신이 지쳐서 고단한 것
⑪ 집안이 화목하면 모든 일이 다 잘 되어 나간다는 뜻

▼ **세로 열쇠**
② 대포를 쏠 때 나는 소리
④ 폭풍이 불면서 세차게 쏟아지는 큰 비
⑤ 개표를 하는 일정한 장소
⑦ 상품에 붙여지는 일정한 표지. 브랜드
⑧ 풍년이 든 농사   ⑩ 몸이 지쳐 기운이 빠진 상태

4급 ⑤과정 한자능력검정시험

 航 배 항

 港 항구 항

 解 풀 해

 核 씨 핵

 香 향기 향

 鄕 시골 향

 虛 빌 허

 憲 법 헌

 險 험할 험

 驗 시험할 험

 革 가죽 혁

 賢 어질 현

✏️ 다음 한자의 훈음을 알아 보고 빈 칸에 알맞게 쓰세요.

훈 배　　음 항:

훈 항구　　음 항:

舟(배 주)가 뜻부분, 亢(목 항)이 음부분이다.
'**배, 건너다**' 등을 뜻한다.

水(물 수)가 뜻부분, 巷(거리 항)이 음부분이다.
바다에서 배를 정박하였기 때문에 '**항구**'를 뜻한다.

舟부수 총 10획	航航航航航航航航航航
航 배 **항**	

| 어휘 : 航海(항해) 航空(항공) | 유의어 : 舟(배 주) |

⺡(水)부수 총 12획	港港港港港港港港港港港港
港 항구 **항**	

| 어휘 : 港口(항구) 空港(공항) 出港(출항) |

다음 한자의 훈음을 알아 보고 빈 칸에 알맞게 쓰세요.

훈풀 음해:

훈씨 음핵

角(뿔 각)과 刀(칼 도)와 牛(소 우)가 합쳐진 것으로, 칼로 소의 뿔을 떼어 낸다는데서, **'풀 다, 흩어지다, 가르다'** 등을 뜻한다.

木(나무 목)이 뜻부분, 亥(돼지 해)가 음부분이다. 核은 본래 나무의 이름을 적기 위한 글자였으나, 후에 **'씨, 알맹이'** 등을 뜻하게 되었다.

角부수 총 13획	解解解尸角角角解解解解解

解

풀 해

약자

觧

사자성어 : 結者解之(결자해지) – 묶은 사람이 풀어야 한다는 뜻으로, 일을 저지르거나 문제를 일으킨 사람이 그 일이나 문제를 해결해야 한다는 말.

유의어 : 釋(풀 석 : 준3급)

木부수 총 10획	核十才杉杉核杉核核核

核

씨 핵

어휘 : 核心(핵심) 核武器(핵무기)

✏️ 다음 한자의 훈음을 알아 보고 빈 칸에 알맞게 쓰세요.

훈 향기   음 향

黍(기장 서)와 甘(달 감)이 합쳐진 것으로, 기장이 익었을 때 나는 맛있는 냄새라는데서 **'향기'**를 뜻한다.

훈 시골   음 향

'시골'을 뜻하는 한자이다.

香부수 총 9획		香香香香香香香香香
香	香 香 香 香 香 香 香	
향기 **향**	향기 향	

| 어휘 : 香氣(향기) 香料(향료) 香水(향수)

ß (邑)부수 총 13획		⟨鄕 ⟨ 乡 ⟨乡 纟乡 纟乡 纟乡 纟乡 纟乡 纟乡 纟乡³ 纟乡³ 鄕
鄕	鄕 鄕 鄕 鄕 鄕 鄕 鄕	
시골 **향**	시골 향	

| 어휘 : 京鄕(경향) 故鄕(고향) | 상대반의어 : 京(서울 경)

✏️ 다음 한자의 훈음을 알아 보고 빈 칸에 알맞게 쓰세요.

훈 빌   음 허

훈 법   음 헌:

虍(범의 문채 호)가 음부분, 丘(언덕 구)가 뜻 부분이다. 인적이 드물고 늘 텅 비어 있는 언덕에서 '**텅 비다, 드물다, 모자라다**' 등을 뜻하게 되었다.

害(해로울 해)와 目(눈 목)과 心(마음 심)이 합쳐져 민첩하다라는 뜻을 나타냈으나 후에 '**법, 본보기**' 등을 뜻하게 되었다.

虍부수 총 12획	虛虛虛虛虛虛虛虛虛虛虛虛

虛

빌 허

약자
虚

사자성어 : 虛送歲月(허송세월) – 하는 일 없이 세월만 헛되이 보냄.	유의어 : 空(빌 공)
虛張聲勢(허장성세) – 실속 없이 허세로만 떠벌림.	상대어 : 充(채울 충), 實(열매 실)

心부수 총 16획	憲憲憲憲憲憲憲憲憲憲憲憲憲憲

憲

법 헌

어휘 : 憲法(헌법) 憲兵(헌병)	유의어 : 法(법 법)

✏️ 다음 한자의 훈음을 알아 보고 빈 칸에 알맞게 쓰세요.

險

훈 험할　　음 험:

阜(언덕 부)가 뜻부분, 僉(다 첨)이 음부분이다. 산비탈에는 각종 위험이 도사리고 있기에 **'험하다'**를 뜻한다.

驗

훈 시험할　　음 험:

馬(말 마)가 뜻부분, 僉(다 첨)이 음부분이다. 원래는 말(馬)의 일종을 뜻하였으나, 나중에 **'시험하다'**를 뜻하게 되었다.

β(阜)부수 총 16획	險險險險險險險險險險

險
험할 **험**

약자
険

어휘 : 危險(위험) 探險(탐험)	모양이 비슷한 한자 : 檢(검사할 검), 儉(검소할 검)

馬부수 총 23획	驗驗驗驗驗馬馬驗驗驗驗驗

驗
시험할 **험**

약자
験

어휘 : 試驗(시험) 經驗(경험)	유의어 : 試(시험할 시)

✏️ 다음 한자의 훈음을 알아 보고 빈 칸에 알맞게 쓰세요.

革

훈 가죽　음 혁

짐승의 털을 뽑아 가죽을 벗겨 내는 모습을 본 뜬 글자이다. **'가죽, 뒤바꾸다, 고치다'** 등을 뜻한다.

賢

훈 어질　음 현

貝(조개 패)와 堅(굳을 견)이 합쳐진 것인데, 본래는 돈이 많고 뜻이 굳센 사람을 나타내는 글자였는데, 뒤에 **'어질다'**를 뜻하게 되었다.

革부수 총 9획			革革革革革苹苹莒革				

革

가죽 **혁**

革	革	革	革	革	革	革
가죽 혁						

어휘 : 革新(혁신) 革帶(혁대)	유의어 : 皮(가죽 피 : 준3급)

貝부수 총 15획			賢賢賢賢賢賢賢賢賢賢賢賢賢賢賢				

賢

어질 **현**

賢	賢	賢	賢	賢	賢	賢
						약자
어질 현						賢

어휘 : 賢明(현명) 賢人(현인)	상대반의어 : 愚(어리석을 우 : 준3급)

사자성어 : 賢母良妻(현모양처) - 자식에게는 어진 어머니, 남편에게는 착한 아내임.

❶ 다음 漢字語의 讀音을 쓰세요.

(1) 航進	( )		(2) 難解	( )
(3) 核心	( )		(4) 落鄕	( )
(5) 航路	( )		(6) 賢明	( )
(7) 結核	( )		(8) 解散	( )
(9) 體驗	( )		(10) 改憲	( )
(11) 聖賢	( )		(12) 航海	( )
(13) 虛勢	( )		(14) 險難	( )
(15) 革命	( )		(16) 開港	( )
(17) 經驗	( )		(18) 出港	( )
(19) 探險	( )		(20) 鄕里	( )
(21) 解毒	( )		(22) 虛無	( )
(23) 誤解	( )		(24) 革新	( )
(25) 分解	( )		(26) 憲法	( )

❷ 다음 漢字의 訓과 音을 쓰세요.

(1) 憲	( )		(2) 港	( )
(3) 賢	( )		(4) 險	( )
(5) 香	( )		(6) 鄕	( )
(7) 虛	( )		(8) 解	( )
(9) 航	( )		(10) 驗	( )
(11) 革	( )		(12) 核	( )

❸ 다음 漢字語를 漢字로 쓰세요.

(1) 오해(뜻을 잘못 해석하는 것, 또는 그러한 해석)

(2) 핵심(많은 대상이나 복잡한 내용 가운데 가장 중요하거나 중심이 되는 소수의
　　　대상이나 간략한 내용)

(3) 고향(자기가 태어나 자란 곳)

(4) 개헌(헌법의 내용을 고치는 것)

(5) 체험(몸소 경험함, 또는 그 경험)

(6) 혁신(묵은 풍속, 관습, 조직, 방법 등을 바꾸어 아주 새롭게 하는 것)

(7) 출항(배가 항구를 떠나는 것)

(8) 현모(어진 어머니)

(9) 향기(꽃이나 향수, 향 같은 데서 나는 좋은 냄새)

(10) 난해(이해하기 어렵다)

④ 다음 訓과 音에 맞는 漢字를 쓰세요.

(1) 씨 핵　　(　　　)　　　(2) 어질 현　　(　　　)

(3) 풀 해　　(　　　)　　　(4) 법 헌　　(　　　)

(5) 배 항　　(　　　)　　　(6) 시골 향　　(　　　)

⑤ 다음에 例示한 漢字語 중에서 앞 글자가 長音으로 發音되는 것을 골라 그 番號를 쓰세요.

(1) ① 港口　② 鄕歌　③ 賢明　④ 香氣

(2) ① 體驗　② 航海　③ 空虛　④ 革新

(3) ① 期限　② 國憲　③ 解任　④ 他鄕

(4) ① 虛無　② 閑暇　③ 核心　④ 險談

⑥ 다음 漢字와 뜻이 상대 또는 반대되는 漢字를 써서 漢字語를 만드세요.

> 例　江 – (山)

(1) 京 – (　　　)　　　(2) 虛 – (　　　)

(3) 因 – (　　　)　　　(4) 班 – (　　　)

⑦ 다음 漢字와 뜻이 비슷한 漢字를 써서 漢字語를 만드세요.

> 例　河 – (川)

(1) 空 – (　　　)　　　(2) 試 – (　　　)

(3) 孤 – (　　　)　　　(4) 年 – (　　　)

❽ 다음 漢字語의 (   )안에 알맞은 漢字를 쓰세요.

> 例   見(物)生心 : 실물을 보면 욕심이 생김

(1) 結者(   )之 : 묶은 사람이 풀어야 한다는 뜻으로, 일을 저지르거나 문제를
                          일으킨 사람이 그 일이나 문제를 해결해야 한다는 말

(2) (   )張聲勢 : 실속이 없으면서 허세로만 떠벌림

(3) 千(   )萬別 : 여러 가지로 차이와 구별이 많은 것

(4) (   )母良妻 : 자식에게는 어진 어머니, 남편에게는 착한 아내임

❾ 다음 漢字의 部首로 맞는 것을 골라 그 番號를 쓰세요.

(1) 解 - (① 刀 ② 牛 ③ 角 ④ 力)

(2) 港 - (① 氵 ② 共 ③ 己 ④ 巳)

(3) 憲 - (① 宀 ② 罒 ③ 一 ④ 心)

(4) 核 - (① 木 ② 亥 ③ 亠 ④ 人)

(5) 航 - (① 亢 ② 舟 ③ 亠 ④ 儿)

(6) 險 - (① 人 ② 阝 ③ 一 ④ 口)

❿ 다음 漢字와 소리는 같으나 뜻이 다른 漢字語를 쓰세요.

> 例   山水 - (算數)

(1) 解讀 - (   )   (2) 解散 - (   )

(3) 理解 - (   )

⓫ 다음 漢字의 略字(획수를 줄인 漢字)를 쓰세요.

(1) 解 - (   )   (2) 虛 - (   )

(3) 賢 - (   )   (4) 險 - (   )

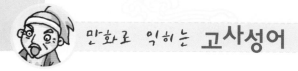

老 늙을 로　益 더할 익　壯 씩씩할 장

老益壯은 **몸은 늙었으나 기력이나 의욕은 매우 왕성함**을 뜻하는 말이다.

자! 동정호 일대의 만족을 토벌할 것이오.

누가 선봉이 되어 우리 한나라의 위상을 보여 줄 것인가!

신이 만족을 토벌하겠나이다.

한나라에 마원이라는 뛰어난 장수가 있었다. 많은 전공을 세우고 늙어서도 내란토벌을 자원했다.

아니, 그대는 마원이 아니오. 그대의 나이가 이미 적지 않으니

원정은 삼가는 것이 나을 듯하오.

신의 나이 이제 예순 둘이지만 아직도 갑옷을 입고 말을 탈 수 있으니 늙었다고 할 수 없습니다.

마원은 늘 마음 속에 대장부의 의지는 가난하고 어려울 때 더욱 굳세어야 하며 늙을수록 더욱 의욕과 기력을 왕성하게 지녀야 한다 는 글귀를 마음 속에 간직했다.

하하하하. 그대는 늙어도(老) 더욱(益) 굳세구려(壯). 그대야말로 노익장이구려!

하고 광무제가 치하하며 토벌군의 수장으로 임명했다.

🖋 아래의 풀이에 알맞은 한자를 쓰세요.

①國			②					③		
			口			④			之	
⑤		⑥家								
				⑦失				⑧		
			⑨							
								歲		
								月		

▶ **가로 열쇠**

① 국제간을 운항하는 항공기가 착륙, 이륙할 수 있도록 정부에서 지정한 공항

④ 묶은 사람이 풀어야 한다는 뜻으로 문제를 일으킨 사람이 해결을 해야 함

⑤ 한 집안에서 한쌍의 부부와 그 미혼의 자녀만 함께 사는 형태의 가족

⑧ 허영에 들뜬 마음

⑨ 자기가 태어나 자란 곳의 산과 내

▼ **세로 열쇠**

② 바다와 맞닿는 육지에 배를 댈 수 있도록 부두 따위를 설비한 곳

③ 뜻을 잘못 해석하는 것

⑥ 한 집안이 화목하면 모든 일이 잘 된다는 뜻

⑦ 고향을 잃고 타향살이를 하는 백성

⑧ 하는 일 없이 세월만 헛되이 보냄

 **4급** **⑤과정** 한자능력검정시험

 顯 나타날 현	血 피 혈
 協 화할 협	刑 형벌 형
惠 은혜 혜	戶 집 호
好 좋을 호	呼 부를 호
 護 도울 호	或 혹 혹
 混 섞을 혼	婚 혼인할 혼

📝 다음 한자의 훈음을 알아 보고 빈 칸에 알맞게 쓰세요.

훈 나타날   음 현:

머리(頁) 위의 실(絲) 장식이 한낮의 태양(日) 아래에서 또렷이 보인다는 뜻을 나타내었다. **'환하다, 드러내다'**를 뜻한다.

훈 피   음 혈

그릇(皿) 위에 피(丿)가 담긴 모양을 나타내었다. 고대인들은 희생의 피를 그릇에 담아 제사에 사용한데서 **'피'**를 뜻한다.

頁부수 총 23획						顯顯顯顯顯顯顯
顯	顯	顯	顯	顯	顯	顯
						약자 顕
나타날 **현**	나타날 현					

| 어휘 : 顯達(현달) 顯示(현시) | 유의어 : 現(나타날 현)

血부수 총 6획						血血血血血血
血	血	血	血	血	血	血
피 **혈**	피 혈					

| 어휘 : 血氣(혈기) 血眼(혈안) | 모양이 비슷한 한자 : 皿(그릇 명)
사자성어 : 鳥足之血(조족지혈) – 새 발의 피라는 뜻으로, 아주 작은 것을 가리킬 때 쓰임.

✏️ 다음 한자의 훈음을 알아 보고 빈 칸에 알맞게 쓰세요.

훈 화할   음 협

훈 형벌   음 형

十(열 십)과 劦(합할 협)이 합쳐진 것으로, 여러 사람이 힘을 합한다는 뜻에서 **'화합하다, 돕다'** 를 뜻한다.

开과 刀(칼 도)가 합쳐진 것인데, 开은 井(우물정)의 변형이다. 옛날에는 사람들이 많이 모이는 우물가에서 형벌을 집행한다는데서 **'형벌'** 을 뜻한다.

| 十부수 총 8획 | | | 協 協 協 協 協 協 協 |

協

화할 **협**

| 어휘 : 協同(협동) 協會(협회) | 유의어 : 和(화할 화) |

| ⺉(刀)부수 총 6획 | | | 刑 刑 开 开 刑 刑 |

刑

형벌 **형**

| 어휘 : 刑罰(형벌) 刑法(형법) | 유의어 : 罰(벌할 벌)
모양이 비슷한 한자 : 形(모양 형) |

✏️ 다음 한자의 훈음을 알아 보고 빈 칸에 알맞게 쓰세요.

훈 은혜   음 혜:

恵(오로지 전)과 心(마음 심)이 합쳐진 것으로 마음을 하나로 모아 남을 사랑한다는 뜻을 나타내었다. '베풀다, 은혜' 등을 뜻한다.

훈 집   음 호:

문의 모양을 본떠 만든 글자로 '집'을 뜻한다.

心부수 총 12획

惠惠惠惠惠惠惠惠惠惠惠惠

惠	惠	惠	惠	惠	惠	惠	惠
은혜 **혜**							
	은혜 혜						

| 어휘 : 恩惠(은혜) 特惠(특혜) | 유의어 : 恩(은혜 은) |

戶부수 총 4획

戶戶戶戶

戶	戶	戶	戶	戶	戶	戶	戶
집 **호**							
	집 호						

| 어휘 : 戶主(호주) 窓戶(창호) | 유의어 : 家(집 가), 屋(집 옥) |
| 사자성어 : 家家戶戶(가가호호) - 집집마다. | |

월   일   이름: 확인:

✏️ 다음 한자의 훈음을 알아 보고 빈 칸에 알맞게 쓰세요.

훈 좋을   음 호:

女(계집 녀)와 子(아들 자)가 합쳐진 것으로, 여인이 아기를 안고 **'좋아하는'** 모습을 나타내었다.

훈 부를   음 호

口(입 구)가 뜻부분, 乎(어조사 호)가 음부분이다. 입밖으로 내쉬는 숨을 뜻하는 글자였으나 후에 **'부르다, 부르짖다'** 를 뜻하게 되었다.

女부수 총 6획				亅子 好 好 好 好 好

好

好 好 好 好 好 好 好

좋을 **호**

어휘 : 好評(호평) 好意(호의)
사자성어 : 好衣好食(호의호식) – 좋은 옷과 좋은 음식, 즉 잘 입고 잘 먹음.

유의어 : 愛(사랑 애)
상대반의어 : 惡(미워할 오)

口부수 총 8획				呼 呼 呼 呼 呼 呼 呼 呼

呼

呼 呼 呼 呼 呼 呼 呼

부를 **호**

사자성어 : 指呼之間(지호지간) – 손짓하여 부를 만한 가까운 거리.
　　　　　呼兄呼弟(호형호제) – 서로 형이니 아우니 하고 가깝게 지낸다는 뜻.

월   일   이름: 확인:

🖊 다음 한자의 훈음을 알아 보고 빈 칸에 알맞게 쓰세요.

훈 도울   음 호:

言(말씀 언)과 蒦(붙들 획)이 합쳐진 것이다. 위험에 빠진 사람을 구할 때, 우선 손으로 붙잡고 말로 안심시킨다는데서 '돌보다, 지키다' 등을 뜻한다.

훈 혹   음 혹

창(戈)을 들고 일정한 구역(口)을 지킨다는 뜻으로, 본래는 國(나라 국)이나 域(지경 역)과 같은 글자였는데, 후에 '혹시'를 뜻하게 되었다.

言부수 총 21획	護護護護護護護護護護護護護

護

護 護 護 護 護 護 護

도울 호

도울 호

| 어휘 : 看護(간호) 守護(수호) | 유의어 : 救(구원할 구) |

戈부수 총 8획	或或或或或或或或

或

或 或 或 或 或 或 或

혹 혹

혹 혹

어휘 : 或是(혹시) 間或(간혹) 或者(혹자)

월   일   이름: 확인:

🖊 다음 한자의 훈음을 알아 보고 빈 칸에 알맞게 쓰세요.

훈 섞을   음 혼:

水(물 수)가 뜻부분, 昆(형 곤)이 음부분이다. 여러 갈래의 물이 한데 섞여 흘러가는 모습에서 **'섞이다'** 를 뜻한다.

훈 혼인할   음 혼

女(계집 녀)가 뜻부분, 昏(어두울 혼)은 음부분이다. 옛날에는 해가 질 무렵에 신부 집에 가서 신부를 맞아 혼례를 치룬데서 **'혼인하다'** 등을 뜻한다.

⺡(水)부수 총 11획	混混混混混混混混混混混

混

섞을 **혼**

| 혼 | 혼 | 혼 | 혼 | 혼 | 혼 | 혼 |

┃ 어휘 : 混雜(혼잡) 混線(혼선)   ┃ 유의어 : 雜(섞일 잡)

女부수 총 11획	婚婚婚婚婚婚婚婚婚婚婚

婚

혼인할 **혼**

| 혼 | 혼 | 혼 | 혼 | 혼 | 혼 | 혼 |

┃ 어휘 : 結婚(결혼) 婚禮(혼례)   ┃ 유의어 : 姻(혼인할 인 : 3급)

※ 다음 글을 읽고 물음에 답하시오. (❶ ~ ❷)

進步的(1) 교육철학에서 비롯된 '열린교육'은 종래 교사(5) 중심의 주입식(6) 교육과는 반대방식인 셈이다. 그러나 政府(2)가 推進(3)하고 있는 '열린교육' 성과(7)는 한 마디로 낙제점이다.

학생들이 자유(8)분방하게 뛰놀며 창의력(9)을 기르도록 하려면 지도교사의 역량(10)이 종래보다 몇 배나 더 커져야 하지만, 黑板(4)과 교과서에 의존(11)하며 평생동안 주입식 수업을 해온 교사들로서는 역부족이다. 그래서 교육 현장은 더욱 어지러워지고 있다. 8일자 조선일보에 소개된 일화는 문제의 한 가닥일 뿐이다. "통일(12)이 되면 무엇이 좋은가?"란 초등학교 주관식 시험 문제에 "나라의 힘이 강해진다."고 쓴 답은 틀렸고, "이산가족이 만날 수 있다."는 한 가지 답만 정답이라고 했다니 기가 찰 노릇이다. '열린교육'이 대 국민 정치(13) 교육으로 변질(14)되는 것인가.

❶ 윗글에서 밑줄 친 漢字語 (1)~(4)의 讀音을 쓰세요.

(1) 進步的   (   )   (2) 政府   (   )
(3) 推進   (   )   (4) 黑板   (   )

❷ 윗글에서 밑줄 친 漢字語 (5)~(14)를 漢字로 쓰세요.

(5) 교사   (   )   (6) 주입식 (   )
(7) 성과   (   )   (8) 자유   (   )
(9) 창의력 (   )   (10) 역량 (   )
(11) 의존   (   )   (12) 통일 (   )
(13) 정치   (   )   (14) 변질 (   )

❸ 다음 漢字語의 讀音을 쓰세요.

(1) 恩惠   (   )   (2) 求刑   (   )
(3) 特惠   (   )   (4) 顯示   (   )

(5) 血液　　（　　　　）　　　(6) 選好　　（　　　　）
(7) 呼應　　（　　　　）　　　(8) 結婚　　（　　　　）
(9) 血壓　　（　　　　）　　　(10) 門戶　　（　　　　）
(11) 好機　　（　　　　）　　　(12) 協力　　（　　　　）
(13) 顯職　　（　　　　）　　　(14) 或是　　（　　　　）
(15) 混雜　　（　　　　）　　　(16) 愛護　　（　　　　）
(17) 處刑　　（　　　　）　　　(18) 協同　　（　　　　）
(19) 看護　　（　　　　）　　　(20) 求婚　　（　　　　）
(21) 戶籍　　（　　　　）　　　(22) 護國　　（　　　　）
(23) 血管　　（　　　　）　　　(24) 刑罰　　（　　　　）
(25) 呼稱　　（　　　　）　　　(26) 混亂　　（　　　　）
(27) 好評　　（　　　　）　　　(28) 約婚　　（　　　　）
(29) 守護　　（　　　　）　　　(30) 護衛　　（　　　　）

④ 다음 漢字의 訓과 音을 쓰세요.

(1) 護　　（　　　　）　　　(2) 血　　（　　　　）
(3) 混　　（　　　　）　　　(4) 刑　　（　　　　）
(5) 惠　　（　　　　）　　　(6) 戶　　（　　　　）
(7) 婚　　（　　　　）　　　(8) 呼　　（　　　　）
(9) 顯　　（　　　　）　　　(10) 或　　（　　　　）
(11) 協　　（　　　　）　　　(12) 好　　（　　　　）

⑤ 다음 訓과 音에 맞는 漢字를 쓰세요.

(1) 섞을 혼　（　　　　）　　　(2) 좋을 호　（　　　　）
(3) 혼인할 혼 （　　　　）　　　(4) 도울 호　（　　　　）
(5) 은혜 혜　（　　　　）　　　(6) 피 혈　（　　　　）

6 다음 漢字와 뜻이 상대 또는 반대되는 漢字를 써서 漢字語를 만드세요.

例   江 - (山)

(1) 賞 - (   )   (2) 損 - (   )
(3) 異 - (   )   (4) 得 - (   )

7 다음 漢字와 뜻이 비슷한 漢字를 써서 漢字語를 만드세요.

例   河 - (川)

(1) 顯 - (   )   (2) (   ) - 協
(3) 恩 - (   )   (4) (   ) - 失

8 다음 漢字語의 (   )안에 알맞은 漢字를 쓰세요.

例   見(物)生心 : 실물을 보면 욕심이 생김

(1) 鳥足之(   ) : 새 발의 피란 뜻으로, 아주 작은 것을 가리킬 때 쓰임
(2) 家家(   )戶 : 집집마다
(3) 指(   )之間 : 손짓하여 부를 만한 가까운 거리
(4) (   )衣(   )食 : 좋은 옷과 좋은 음식이라는 뜻, 잘 입고 잘 먹음

9 다음 漢字語의 뜻을 쓰세요.

(1) 協力 :
(2) 恩惠 :
(3) 護衛 :
(4) 混亂 :

10 다음 漢字의 略字(획수를 줄인 漢字)를 쓰세요.

(1) 顯 - (   )   (2) 讀 - (   )
(3) 驗 - (   )   (4) 應 - (   )

蛇뱀사 足발족

蛇足은 뱀의 발이란 뜻으로 畵蛇添足(화사첨족)의 준말로 안해도 될 쓸데없는 일을 하다가 도리어 일을 망치는 경우를 뜻합니다.

초나라의 한 주인이 술 한동이를 내어 놓아 하인끼리 마시라 하였다. 술은 한 동이 뿐이고 사람은 여럿이니 하인 중 한 사람이 꾀를 내어 말했다.

이에 뱀을 가장 먼저 완성한 사람이 술동이를 잡아 당기며 말했다.

그 말을 듣고 있던 다른 한 사람이 말했다.

라고 말하며 술동이를 빼앗아 모두 마셔버렸다.

✎ 아래의 풀이에 알맞은 한자를 쓰세요.

						② 門			
① 考			③ 家					④ 好	
⑤	⑥		間				⑦		
⑧	稱				⑨ 結	⑩			

▶ 가로 열쇠

① 나라를 위해 목숨을 바친 사람들의 충성을 기념하는 날
③ 각 집, 또는 모든 집
⑤ 손짓하여 부를만한 가까운 거리
⑦ 쌀에 잡곡을 섞어 지은 밥을 먹는 것
⑧ 이름을 지어 부르는 것
⑨ 남자와 여자가 부부로서의 법률적 관계를 맺는 것

▼ 세로 열쇠

① 신주나 축문 등에서 돌아가신 아버지를 일컫는 말
② 외부와 교류하기 위한 통로나 수단을 열어둠
④ 좋은 옷과 좋은 음식이라는 뜻으로 잘 입고 잘 먹음
⑥ 서로 형이니 아우니하고 가깝게 지낸다는 뜻
⑩ 혼인에 관하여 오고가는 말

	紅 붉을 홍			華 빛날 화
	貨 재물 화			確 굳을 확
	環 고리 환			歡 기쁠 환
	況 상황 황			灰 재 회
	回 돌아올 회			厚 두터울 후
	候 기후 후			揮 휘두를 휘
	吸 마실 흡			興 일 흥
	希 바랄 희			喜 기쁠 희

✎ 다음 한자의 훈음을 알아 보고 빈 칸에 알맞게 쓰세요.

훈 붉을   음 홍

훈 빛날   음 화

糸(실 사)가 뜻부분, 工(장인 공)이 음부분이다. 붉은 물감을 들인 실이라는데서, **'붉다'**를 뜻한다.

가지마다 꽃이 만발한 나무 모양을 본뜬 것으로, 꽃을 나타내었다. 뒤에 **'빛나다'**를 뜻한다.

糸부수 총 9획	紅紅紅紅紅紅紅紅紅

紅

붉을 **홍**

紅	紅	紅	紅	紅	紅	紅
붉을 홍						

사자성어 : 紅東白西(홍동백서) – 제사상을 차릴 때 붉은 과일은 동쪽, 흰 과일은 서쪽에 놓는 격식.	유의어 : 朱(붉을 주), 赤(붉을 적)

⺾(艸)부수 총 12획	華華華華華華華華

華

빛날 **화**

華	華	華	華	華	華	華
빛날 화						

어휘 : 華婚(화혼) 榮華(영화)

사자성어 : 外華內貧(외화내빈) – 겉은 화려하나 속은 빈곤함.

유의어 : 麗(고울 려)

✏️ 다음 한자의 훈음을 알아 보고 빈 칸에 알맞게 쓰세요.

훈 재물   음 화:

훈 굳을   음 확

化(될 화)가 음부분, 貝(조개 패)가 뜻부분이다. '재물, 물품, 돈' 등을 뜻한다.

石(돌 석)이 뜻부분, 隺(오르다 확)이 음부분이다. 돌처럼 단단하고 딱딱하다는데서, '굳다, 확실하다' 등을 뜻한다.

貝부수 총 11획	貨 貨 貨 貨 貨 貨 貨 貨 貨 貨 貨
貨 재물 **화**	貨 貨 貨 貨 貨 貨 貨

| 어휘 : 貨物(화물) 寶貨(보화) | 유의어 : 財(재물 재) |

石부수 총 15획	確 確 確 確 確 確 確 確 確 確 確 確 確 確
確 굳을 **확**	確 確 確 確 確 確 確

| 어휘 : 確立(확립) 確認(확인) | 유의어 : 固(굳을 고) |

사자성어 : 確固不動(확고부동) - 확고하여 흔들리지 않음.

✏️ 다음 한자의 훈음을 알아 보고 빈 칸에 알맞게 쓰세요.

훈 고리   음 환(:)

玉(구슬 옥)과 睘(돌 환)이 합쳐진 것으로, '**고리, 사방, 주위**' 등을 뜻하게 되었다.

훈 기쁠   음 환

雚(황새 관)이 음부분, 欠(하품 흠)이 뜻부분이다. 기쁜 일이 생겨 탄성을 지르는 모습을 나타내 '**기쁘다**'를 뜻한다.

王(玉)부수 총 17획	環環環環環環環環環環環環環環

環	環	環	環	環	環	環	環
고리 **환**	고리 환						

어휘 : 環境(환경) 花環(화환)

欠부수 총 22획	歡歡歡歡歡歡歡歡歡歡歡歡歡歡歡

歡	歡	歡	歡	歡	歡	歡	歡
기쁠 **환**	기쁠 환					약자	약자
						欢	歓

어휘 : 歡迎(환영) 歡聲(환성)

유의어 : 喜(기쁠 희)
상대반의어 : 哀(슬플 애 : 준3급)

월   일   이름: 확인:

✏️ 다음 한자의 훈음을 알아 보고 빈 칸에 알맞게 쓰세요.

훈 상황   음 황:

水(물 수)가 뜻부분, 兄(형 형)이 음부분이다.
'상황, 비유하다, 견주다' 등을 뜻한다.

훈 재   음 회

火(불 화)와 又(오른손 우)가 합쳐진 것인데,
손에 막대기를 잡고 타고 남은 불씨를 토닥거
리는 모습에서 **'재'**를 뜻하게 되었다.

氵(水)부수 총 8획   況況況況況況況況

況	況	況	況	況	況	況

況

상황 **황**

| 어휘 : 狀況(상황) 近況(근황) | 유의어 : 狀(형상 상)

火부수 총 6획   灰灰灰灰灰灰

灰	灰	灰	灰	灰	灰	灰

灰

재 **회**

| 어휘 : 石灰(석회) 灰心(회심) 灰色(회색)

✎ 다음 한자의 훈음을 알아 보고 빈 칸에 알맞게 쓰세요.

훈 돌아올　음 회

돌다라는 뜻을 나타내기 위해서 물이 소용돌이 쳐 도는 모습을 본뜬 것이다. **'돌리다, 돌아오다'** 등을 뜻한다.

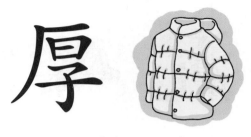

훈 두터울　음 후:

厂(언덕 엄)과 享(드릴 향)이 합쳐진 것으로, 다른 사람에게 줄 때는 **'두터워야'** 한다는 뜻을 나타내었다.

口부수 총 6획					回回回回回回	
回	回	回	回	回	回	回
돌아올 **회**	돌아올 회					

어휘 : 回想(회상) 回轉(회전)	유의어 : 歸(돌아갈 귀)

사자성어 : 起死回生(기사회생) – 중병으로 죽을 뻔하다가 다시 살아남.

厂부수 총 9획					厚厚厚厚厚厚厚厚厚	
厚	厚	厚	厚	厚	厚	厚
두터울 **후**	두터울 후					

어휘 : 厚謝(후사) 厚意(후의)	상대반의어 : 薄(얇을 박 : 준3급)

월   일   이름: 확인:

✏️ 다음 한자의 훈음을 알아 보고 빈 칸에 알맞게 쓰세요.

훈 기후   음 후:

人(사람 인)이 뜻부분, 侯(제후 후)가 음부분이다. 사람이 남의 동정을 살피다라는 뜻으로 쓰였으나, 후에 '기후'를 뜻하게 되었다.

훈 휘두를   음 휘

手(손 수)와 軍(군사 군)이 합쳐진 것으로, 손을 휘둘러 군대를 지휘한다는 데서 '휘두르다'를 뜻한다.

亻(人)부수 총 10획

候候候候候候候候候

候	候	候	候	候	候	候	候

候
기후 **후**

기후 후

| 어휘 : 氣候(기후) 測候所(측후소) | 모양이 비슷한 한자 : 侯(제후 후 : 3급) |

扌(手)부수 총 12획

揮揮揮揮揮揮揮揮揮揮揮

揮	揮	揮	揮	揮	揮	揮

揮
휘두를 **휘**

휘두를 휘

어휘 : 發揮(발휘) 指揮(지휘)
사자성어 : 一筆揮之(일필휘지) – 글씨를 단숨에 힘차고 시원하게 죽 써 내림.

✏️ 다음 한자의 훈음을 알아 보고 빈 칸에 알맞게 쓰세요.

훈 마실   음 흡

口(입 구)가 뜻부분, 及(미칠 급)이 음부분이다. 입으로 숨을 들이쉰다는 뜻에서 **'들이키다, 빨아먹다'** 등을 뜻한다.

훈 일   음 흥(:)

서로 힘을 합하여 마주 들어 올리는 모습에서 힘을 합치다가 본뜻이었는데 후에 **'흥성하다, 기뻐하다'** 등을 뜻하게 되었다.

口부수 총 7획			吸吸吸吸吸吸吸			
吸 마실 **흡**	吸	吸	吸	吸	吸	吸

어휘 : 呼吸(호흡) 吸煙(흡연)

臼부수 총 16획			興興興興興興興興興興興興興興興興			
興 일 **흥**	興	興	興	興	興	興
						약자 兴

어휘 : 興味(흥미) 興亡(흥망)   상대반의어 : 亡(망할 망)
사자성어 : 興盡悲來(흥진비래) – 즐거운 일이 다하면 슬픈 일이 옴.

✏️ 다음 한자의 훈음을 알아 보고 빈 칸에 알맞게 쓰세요.

훈바랄   음희

훈기쁠   음희

爻(엇갈릴 효)와 巾(수건 건)이 합쳐진 것으로, '드물다, 바라다'를 뜻하게 되었다.

壴(악기 주)와 口(입 구)가 합쳐진 것으로, 손으로는 북을 치고 입으로는 노래를 하는 모습을 통하여 '기쁘다, 좋아하다' 등을 뜻한다.

巾부수 총 7획	希希希希希希希

希

바랄 **희**

| 어휘 : 希望(희망) 希求(희구) | 유의어 : 望(바랄 망), 願(원할 원) |

口부수 총 12획	喜喜喜喜喜喜喜喜喜喜喜喜

喜

기쁠 **희**

사자성어 : 喜喜樂樂(희희낙락) - 매우 기뻐하고 즐거워 함.
　　　　　喜色滿面(희색만면) - 기뻐하는 빛이 얼굴에 가득한 모양.

유의어 : 歡(기쁠 환)
상대반의어 : 悲(슬플 비), 怒(성낼 노)

❶ 다음 漢字語의 讀音을 쓰세요.

(1) 歡喜　　（　　　　）　　　(2) 紅玉　　（　　　　）
(3) 確保　　（　　　　）　　　(4) 現況　　（　　　　）
(5) 回歸　　（　　　　）　　　(6) 發揮　　（　　　　）
(7) 榮華　　（　　　　）　　　(8) 呼吸　　（　　　　）
(9) 厚德　　（　　　　）　　　(10) 感興　　（　　　　）
(11) 財貨　　（　　　　）　　　(12) 寶貨　　（　　　　）
(13) 指揮　　（　　　　）　　　(14) 確實　　（　　　　）
(15) 希望　　（　　　　）　　　(16) 紅旗　　（　　　　）
(17) 確認　　（　　　　）　　　(18) 喜悲　　（　　　　）
(19) 華麗　　（　　　　）　　　(20) 重厚　　（　　　　）
(21) 希求　　（　　　　）　　　(22) 確固　　（　　　　）
(23) 回避　　（　　　　）　　　(24) 氣候　　（　　　　）
(25) 歡呼　　（　　　　）　　　(26) 環境　　（　　　　）
(27) 石灰　　（　　　　）　　　(28) 狀況　　（　　　　）
(29) 花環　　（　　　　）　　　(30) 灰色　　（　　　　）

❷ 다음 漢字의 訓과 音을 쓰세요.

(1) 吸　　（　　　　）　　　(2) 華　　（　　　　）
(3) 候　　（　　　　）　　　(4) 確　　（　　　　）
(5) 環　　（　　　　）　　　(6) 回　　（　　　　）
(7) 希　　（　　　　）　　　(8) 灰　　（　　　　）
(9) 歡　　（　　　　）　　　(10) 厚　　（　　　　）
(11) 紅　　（　　　　）　　　(12) 揮　　（　　　　）
(13) 況　　（　　　　）　　　(14) 興　　（　　　　）
(15) 貨　　（　　　　）　　　(16) 喜　　（　　　　）

❸ 다음 漢字語를 漢字로 쓰세요.

(1) 화려(눈부시게 아름답다)

(2) 확신(굳게 믿는 것)

(3) 희망(어떤 것을 이루거나 얻고자 바라는 것)

(4) 근황(최근의 상황이나 형편)

(5) 희색(기뻐하는 얼굴빛)

(6) 환영(기쁘게 받아들이는 것)

(7) 중후(태도가 정중하고 무게가 있다)

(8) 지휘(어떤 목적을 효과적으로 이루기 위하여 단체의 행동을 통솔하는 것)

(9) 흥미(어떤 일이나 대상에 마음이 이끌려 해보고 싶거나 알고 싶거나 관심을
　　　가지게 된 상태)

(10) 흡입(빨아들이는 것)

❹ 다음에 例示한 漢字語 중에서 앞 글자가 長音으로 發音되는 것을 골라 그 番號를
쓰세요.

(1) ① 紅玉　② 確立　③ 回歸　④ 厚德

(2) ① 石灰　② 發揮　③ 興趣　④ 歡送

(3) ① 貨物　② 華麗　③ 興亡　④ 希望

(4) ① 喜色　② 好人　③ 狀況　④ 呼吸

❺ 다음 漢字와 뜻이 상대 또는 반대되는 漢字를 써서 漢字語를 만드세요.

例　江 - (山)

(1) 興 - (　　　)　　　　　　(2) (　　　) - 悲

(3) (　　　) - 怒　　　　　　(4) 先 - (　　　)

❻ 다음 漢字와 뜻이 비슷한 漢字를 써서 漢字語를 만드세요.

例　河 – (川)

(1) 朱 – (　　　)　　　　　(2) 財 – (　　　)

(3) 希 – (　　　)　　　　　(4) 歡 – (　　　)

❼ 다음 漢字語의 (　　)안에 알맞은 漢字를 쓰세요.

例　見(物)生心 : 실물을 보면 욕심이 생김

(1) 起死(　　)生 : 중병으로 죽을 뻔하다가 다시 살아남

(2) (　　)盡悲來 : 즐거운 일이 다하면 슬픈 일이 옴

(3) (　　)喜樂樂 : 매우 기뻐하고 즐거워함

(4) (　　)固不動 : 확고하여 흔들리지 않음

(5) 一筆(　　)之 : 글씨를 단숨에 힘차고 시원하게 써 내림

❽ 다음 漢字와 소리는 같으나 뜻이 다른 漢字語를 쓰세요.

例　山水 – (算數)

(1) 回轉 – (　　　)　　　　　(2) 厚待 – (　　　)

(3) 厚謝 – (　　　)

❾ 다음 漢字의 略字(획수를 줄인 漢字)를 쓰세요.

(1) 興 – (　　　)　　　　　(2) 兒 – (　　　)

(3) 歡 – (　　　)　　　　　(4) 壓 – (　　　)

만화로 익히는 **고사성어**

羊 양양　頭 머리두　狗 개구　肉 고기육

羊頭狗肉은 **양머리를 내 걸고 개고기를 판다**는 뜻으로 **겉모양은 훌륭하나 속은 아주 보잘것 없는 것**으로 속임수를 쓰는 것을 뜻한다. 원래는 소(牛)의 머리(頭)와 말(馬) 고기(肉)로 되어있는데 羊頭狗肉으로 바뀌어 전하여졌다.

제나라의 영공은 궁중의 미인들을 불러다 남장을 시키는 별난 취미가 있었다.

오! 멋지군.

이 소문이 궁궐 밖에까지 퍼져 일반 백성 중 미인들이 남장을 하는 것이 크게 유행했다.

백성들 사이에서 남장하는 것을 금하노라.

예.

그러나 백성들 사이에서 남장을 금하는 법령이 잘 지켜지지 않았다.

임금께서 궁궐 안에서는 남장을 허용하시면서 궁궐 밖에서는 남장을 금지시키는 것은 소(牛) 머리(頭)를 내걸고 말(馬) 고기(肉)를 파는 것과 같습니다.

그 이유를 신하에게 묻자,

남장을 궁궐 안에서도 금하시고 백성들에게도 금하도록 하면 곧 모든 백성들이 따라서 지킬 것입니다.

이에 영공은 신하의 의견을 옳게 여겨 궁중의 여인들에게 남장 금지령을 내렸다. 그러자 그 후로는 제나라에서는 남장한 여인을 찾아볼 수 없었다 한다.

🖋️ 아래의 풀이에 알맞은 한자를 쓰세요.

①紅		白			②外	③			④
						江			
	⑤		⑥不	動		江	山		來
⑦							⑧		
					⑨			之	
⑩									
生							⑪		面

▶ **가로 열쇠**

① 제사상을 차릴 때 붉은 과일은 동쪽, 흰 과일은 서쪽에 놓는 격식
② 겉은 화려하고 속은 빈곤함
⑤ 마음이나 태도가 확고하여 흔들리지 않음
⑨ 글씨를 단숨에 줄기차게 써 내림
⑩ 나이 예순 한 살을 이르는 말
⑪ 기뻐하는 빛이 얼굴에 가득한 모양

▼ **세로 열쇠**

① 많은 남자 틈에 하나뿐인 여자를 이르는 말
③ 눈부시게 아름다운 강산, 자연
④ 즐거운 일이 다하면 슬픔이 옴
⑥ 천리를 멀다고 여기지 않음
⑦ 죽을 뻔하다가 다시 살아남
⑧ 연주자들의 앞에 서서 손짓 몸짓 따위를 예술적으로 연주하도록 지도하는 일

부 록

일자다음어
하나의 한자가 여러 개의
훈음을 지니고 있는 한자 입니다.

약자
복잡한 한자의 획수를 줄여 간단하게 쓰는 한자 입니다.

사자성어
네 자로 이루어진 고사, 신화, 전설, 역사 등에서
나온 말로 교훈, 경구, 비유, 상징 등에
쓰이는 관용어를 말합니다.

📝 다음 한자를 읽어 보고 알맞은 음을 빈 칸에 쓰세요.

1.	降	내릴 강	降雨 [　] 우	비가 내림
		항복할 항	降伏 [　][　]	자신이 진 것을 인정하고 상대편에게 굴복함
2.	更	다시 갱	更生 [　] 생	다시 살아남
		고칠 경	更新 [　] 신	고쳐 새롭게 함
3.	車	수레 거	車馬 [　] 마	수레와 말
		수레 차	車道 [　] 도	차가 다니게 마련한 길
4.	見	볼 견	見聞 [　] 문	보고 들음
		뵈올 현	謁見 알 [　]	(지체 높은 사람을) 찾아 뵘
5.	金	쇠 금	黃金 황 [　]	금, 돈 또는 재물의 뜻으로 쓰이는 말
		성 김	金氏 [　][　]	김씨
6.	單	홑 단	單語 [　] 어	말의 최소 단위
		오랑캐임금이름 선	單于 [　] 우	흉노족이 그들의 군장을 일컫던 한자음 표기
7.	度	법도 도	制度 제 [　]	정해진 법규
		헤아릴 탁	度量 [　] 량	앞이나 뒤의 형편을 헤아림, 길이나 용량을 잼
8.	讀	읽을 독	讀書 [　] 서	책을 읽음
		구절 두	吏讀 이 [　]	신라 때부터 한자의 음과 새김을 빌려 우리말을 적던 방식
9.	洞	고을 동	洞里 동 리	지방 행정 구역인 동과 리
		밝을 통	洞察 [　][　]	환히 내다봄, 꿰뚫어 봄
10.	樂	즐거울 락	樂園 [　] 원	아무 근심 없이 즐거움이 넘쳐 흐르는 곳
		좋아할 요	樂山 [　] 산	산을 좋아함
		노래 악	音樂 음 [　]	인간의 사상이나 감정을 주로 악음을 소재로 하여 나타내는 예술

💿 다음 한자를 읽어 보고 알맞은 음을 빈 칸에 쓰세요.

11. 復	회복할 복	復習	습	배운 것을 되풀이하여 익힘
	다시 부	復活	활	죽었다가 다시 살아남
12. 北	북녘 북	北極	극	지구 자전축의 북쪽 끝 지점
	달아날 배	敗北		전쟁에 져서 달아남
13. 殺	죽일 살	殺生	생	사람이나 동물 따위의 산 것을 죽임
	감할 쇄	殺到		전화나 주문 따위가 세차게 몰려듦
14. 狀	형상 상	狀態		사물이나 현상이 처해 있는 현재의 모양 또는 형편
	문서 장	賞狀	상	학업·행실·업적 등을 칭찬하는 뜻을 적어서 상으로 주는 증서
15. 說	말씀 설	說明	명	알기 쉽게 밝혀서 말함
	달랠 세	遊說		돌아다니며 자기의 의견을 설명하고 선전함
	기쁠 열	喜說	희	기쁨과 즐거움
16. 省	살필 성	反省	반	스스로 돌이켜 살핌
	덜 생	省略	략	덜어서 줄임
17. 宿	잘 숙	宿所	소	머물러 묵는 곳
	별자리 수	星宿	성	모든 성좌의 별
18. 識	알 식	識見	견	학식과 의견, 사물을 올바르게 판단할 수 있는 의견
	기록할 지	標識	표	다른 곳과 구별하여 알게 하는데 필요한 표시나 특징
19. 惡	악할 악	善惡	선	선과 악
	미워할 오	憎惡	증	몹시 미워함
20. 易	바꿀 역	貿易	무	외국 상인과 물품을 수출입하는 상행위
	쉬울 이	平易	평	쉽다

다음 한자를 읽어 보고 알맞은 음을 빈 칸에 쓰세요.

21. 切	끊을 절	切開 ☐ 개	째어서 엶
	온통 체	一切 일 ☐	모든 것
22. 參	석 삼	參萬 ☐ 만	삼만
	참여할 참	參與 ☐	참가하여 관계함
23. 則	법칙 칙	法則 법 ☐	지켜야 할 규칙
	곧 즉	然則 연 ☐	그러한 즉
24. 宅	집 택	家宅 가 ☐	사람이 사는 집
	집 댁	宅內 ☐ 내	집안(격식차려 하는 말투)
25. 便	편안할 편	便利 ☐ 리	어떤 일을 하는데 편하고 이용하기 쉬움
	똥오줌 변	便所 ☐ 소	대소변을 볼 수 있게 만들어 놓은 곳
26. 布	펼 포	宣布 ☐	세상에 널리 알림
	보시할 보	布施 ☐ 시	돈이나 물건을 베품
27. 暴	사나울 폭	暴政 ☐ 정	사나운 정치
	모질 포	暴惡 ☐ 악	사납고 악함
28. 行	다닐 행	步行 보 ☐	걸어가는 일
	항렬 항	行列 ☐ 렬	혈족의 방계에 대한 대수 관계를 나타내는 말
29. 晝	그림 화	畫家 ☐ 가	그림 그리는 일을 전문으로 하는 사람
	그을 획	畫數 ☐ 수	(글자의) 획의 수

略字(약자)

월   일   이름: 확인:

📝 다음 한자의 약자를 익혀 보세요.

價	価	価		假	仮	仮	
값 가				거짓 가			
覺	覚	覚		減	減	減	
깨달을 각				덜 감			
監	監	監		據	拠	拠	
볼 감				근거 거			
擧	拳	舉		傑	杰	杰	
들 거				뛰어날 걸			
儉	倹	倹		檢	検	検	
검소할 검				검사할 검			
堅	坚	坚		缺	欠	欠	
굳을 견				이지러질 결			
經	経	経		輕	軽	軽	
지날/글 경				가벼울 경			
繼	継	継		觀	观	覌	観
이을 계				볼 관			
關	関	関		廣	広	広	
관계할 관				넓을 광			
鑛	鉱	鉱		區	区	区	
쇳돌 광				구분할 구			

월   일   이름: 확인:

🖊 다음 한자의 약자를 익혀 보세요.

舊	旧	旧		國	国	国	
예 구				나라 국			
勸	劝	勧		權	权	権	
권할 권				권세 권			
歸	帰	帰		氣	気	気	
돌아갈 귀				기운 기			
單	単	単		團	団	団	
홑 단				둥글 단			
斷	断	断		擔	担	担	
끊을 단				멜 담			
當	当	当		黨	党	党	
마땅 당				무리 당			
對	対	対		圖	図	図	
대할 대				그림 도			
獨	独	独		讀	読	読	
홀로 독				읽을 독/구두 두			
燈	灯	灯		樂	楽	楽	
등 등				즐길 락			
亂	乱	乱		覽	覧	覧	
어지러울 란				볼 람			

📝 다음 한자의 약자를 익혀 보세요.

來 来 올 래		兩 両 두 량	
麗 麗 고울 려		禮 礼 예도 례	
勞 労 일할 로		龍 竜 용 룡	
離 难 떠날 리		滿 満 찰 만	
萬 万 일만 만		賣 売 팔 매	
無 无 없을 무		發 発 필 발	
變 変 변할 변		邊 辺 辺 가 변	
寶 宝 보배 보		富 冨 부자 부	
佛 仏 부처 불		寫 写 写 寫 베낄 사	
師 师 스승 사		辭 辞 말씀 사	

📖 다음 한자의 약자를 익혀 보세요.

狀 狀	狀		船 舩	舩	
형상 상/문서 장			배 선		
聲 声	声		屬 属	属	
소리 성			붙일 속		
續 続	続		收 収	収	
이을 속			거둘 수		
數 数	数		肅 肅	肅	
셈할 수			엄숙할 숙		
實 実	実		兒 児	児	
열매 실			아이 아		
惡 悪	悪		壓 圧	圧	
악할 악/미워할 오			누를 압		
藥 薬	薬		嚴 厳	厳	
약 약			엄할 엄		
與 与	与		餘 余	余	
더불/줄 여			남을 여		
硏 研	研		鉛 鈆	鈆	
갈 연			납 연		
榮 栄	栄		營 営	営	
영화 영			경영할 영		

월 일 이름: 확인:

📖 다음 한자의 약자를 익혀 보세요.

藝	芸	芸		豫	予	予
재주 예				미리 예		
溫	温	温		員	負	負
따뜻할 온				인원 원		
遠	遠	遠		圍	囲	囲
멀 원				에워쌀 위		
爲	為	為		隱	隠	隠
할 위				숨을 은		
陰	陰	陰		應	応	応
그늘 음				응할 응		
醫	医	医		殘	残	残
의원 의				남을 잔		
雜	雑	雑		壯	壮	壮
섞일 잡				장할 장		
將	将	将		裝	装	装
장수 장				꾸밀 장		
獎	奨	奨		爭	争	争
장려할 장				다툴 쟁		
傳	伝	伝		戰	战	戦
전할 전				싸움 전		

✎ 다음 한자의 약자를 익혀 보세요.

轉	転	転		錢	銭	銭
구를 전				돈 전		
點	点	点		定	㝎	㝎
점 점				정할 정		
靜	静	静		濟	済	済
고요할 정				건널 제		
條	条	条		卒	卆	卆
가지 조				마칠 졸		
從	从	従		晝	昼	昼
좇을 종				낮 주		
準	準	準		增	増	増
준할 준				더할 증		
證	証	証		珍	珎	珎
증거 증				보배 진		
盡	尽	尽		質	貭	貭
다할 진				바탕 질		
參	参	参		處	処	処
참여할 참/석 삼				곳 처		
鐵	鉄	鉄		廳	庁	庁
쇠 철				관청 청		

월   일   이름: 확인:

다음 한자의 약자를 익혀 보세요.

聽	聽	聽		體	体	体	
들을 청				몸 체			
總	総	総		蟲	虫	虫	
다 총				벌레 충			
齒	歯	歯		稱	称	称	
이 치				일컬을 칭			
彈	弾	弾		擇	択	択	
탄알 탄				가릴 택			
學	学	学		解	解	解	
배울 학				풀 해			
虛	虚	虚		險	険	険	
빌 허				험할 험			
驗	験	験		賢	賢	賢	
시험할 험				어질 현			
顯	顕	顕		號	号	号	
나타날 현				이름 호			
畵	画	画		歡	欢	歓	
그림 화/그을 획				기쁠 환			
會	会	会		興	兴	兴	
모일 회				일 흥			

📝 다음 사자성어를 읽고 따라 쓰세요.

刻 骨 難 忘
새길 각   뼈 골   어려울 난   잊을 망
刻 骨 難 忘

뼈에 사무칠 정도로 잊기가 어렵다는 뜻으로, 은혜를 깊이 새겨 잊지않음.

角 者 無 齒
뿔 각   놈 자   없을 무   이 치
角 者 無 齒

뿔이 있으면 이가 없다는 뜻으로, 한 사람이 재주나 복을 모두 갖을 수 없음을 뜻함.

甘 言 利 說
달 감   말씀 언   이로울 리   말씀 설
甘 言 利 說

달콤한 말과 이로운 이야기. 남의 비위를 맞추어 그럴듯하게 꾸며대는 이야기.

居 安 思 危
살 거   편안 안   생각 사   위태로울 위
居 安 思 危

편안함에 있을 때 앞으로 닥칠 위험을 미리 생각함.

結 草 報 恩
맺을 결   풀 초   갚을 보   은혜 은
結 草 報 恩

풀을 엮어서 은혜를 갚는다는 뜻으로 죽어서라도 은혜를 갚음.

驚 天 動 地
놀랄 경   하늘 천   움직일 동   땅 지
驚 天 動 地

하늘을 놀라게 하고 땅을 움직이게 할 만큼 세상을 놀라게 함.

鷄 卵 有 骨
닭 계   알 란   있을 유   뼈 골
鷄 卵 有 骨

계란에도 뼈가 있다는 뜻으로, 늘 일이 잘 안되는 사람이 모처럼의 좋은 기회를 만났으나 역시 잘 안되는 것을 이르는 말.

월   일   이름: 확인:

📖 다음 사자성어를 읽고 따라 쓰세요.

空 前 絶 後	空	前	絶	後
빌 공 앞 전 끊을 절 뒤 후				

비교될 만한 일이 앞으로도 없고 이후로도 없음을 이르는 말.

苦 盡 甘 來	苦	盡	甘	來
쓸 고 다할 진 달 감 올 래				

쓴 것이 다하면 단 것이 온다는 뜻으로, 고생 끝에 즐거움이 옴을 이르는 말.

權 不 十 年	權	不	十	年
권세 권 아닐 불 열 십 해 년				

아무리 하늘을 찌를 듯한 권세라도 십년을 못간다는 뜻.

金 科 玉 條	金	科	玉	條
쇠 금 과목 과 옥 옥 가지 조				

금옥과 같은 법률이란 뜻으로, 소중히 여기고 꼭 지켜야 할 법률.

起 死 回 生	起	死	回	生
일어날 기 죽을 사 돌아올 회 날 생				

중병으로 죽을 뻔하다가 다시 살아남.

論 功 行 賞	論	功	行	賞
논할 논 공 공 다닐 행 상 상				

공을 논하여 그에 알맞은 상을 내림.

大 書 特 筆	大	書	特	筆
큰 대 글 서 특별할 특 붓 필				

큰 글자로 특별하게 쓴다는 뜻으로, 신문 등 출판물에서 어떤 기사를 비중있게 다룸을 이르는 말.

📖 다음 사자성어를 읽고 따라 쓰세요.

單	刀	直	入	單	刀	直	入
홑 단	칼 도	곧을 직	들 입				

말이나 글을 돌려서 하지 않고 요점을 바로 이야기함을 이르는 말.

燈	下	不	明	燈	下	不	明
등불 등	아래 하	아닐 불	밝을 명				

등잔 밑이 어둡다는 뜻으로, 가까이 있는 일을 잘 모르는 것을 이름.

燈	火	可	親	燈	火	可	親
등불 등	불 화	옳을 가	친할 친				

등불을 가까이 할 만하다는 뜻으로, 글 읽기에 좋은 계절인 가을철을 이르는 말.

亡	羊	之	歎	亡	羊	之	歎
망할 망	양 양	어조사 지	탄식할 탄				

학문의 길이 여러 갈래여서 진리를 깨우치기가 매우 어려움을 표현하는 말.

明	鏡	止	水	明	鏡	止	水
밝을 명	거울 경	그칠 지	물 수				

맑은 거울과 고요한 물이라는 뜻으로, 맑고 고요한 심정을 뜻함.

目	不	識	丁	目	不	識	丁
눈 목	아닐 불	알 식	고무래 정				

눈을 뜨고도 丁자를 알아보지 못한다는 뜻으로, 글자를 전혀 모르는 것을 이름.

背	恩	忘	德	背	恩	忘	德
등 배	은혜 은	잊을 망	덕 덕				

은혜를 저버리고 베풀어준 덕을 잊어 버리고 배반함.

월　　일　이름:　　　　　　확인:

다음 사자성어를 읽고 따라 쓰세요.

士	農	工	商	士	農	工	商
선비 사	농사 농	장인 공	장사 상				

선비, 농민, 장인, 상인의 네 가지 신분을 달리 이르는 말.

事	必	歸	正	事	必	歸	正
일 사	반드시 필	돌아갈 귀	바를 정				

모든 일은 반드시 바른 길로 돌아 온다는 뜻.

山	海	珍	味	山	海	珍	味
메 산	바다 해	보배 진	맛 미				

산과 바다의 온갖 귀한 산물로 차린 음식.

殺	身	成	仁	殺	身	成	仁
죽일 살	몸 신	이룰 성	어질 인				

몸을 죽여 인을 이룬다는 말로, 옳은 일을 위하여 자신을 희생하는 것을 뜻함.

說	往	說	來	說	往	說	來
말씀 설	갈 왕	말씀 설	올 래				

말이 오고 간다는 뜻으로, 어떤 일의 시비를 따지느라 옥신각신함을 뜻함.

速	戰	速	決	速	戰	速	決
빠를 속	싸움 전	빠를 속	맺을 결				

싸움을 오래 끌지 않고 빨리 끝을 냄.

信	賞	必	罰	信	賞	必	罰
믿을 신	상 상	반드시 필	벌할 벌				

일의 잘잘못을 따져 상을 줄 사람에게는 상을 주고 벌을 내릴 사람에게는 벌을 줌.

월   일   이름: 확인:

🔖 다음 사자성어를 읽고 따라 쓰세요.

身 言 書 判	身	言	書	判
몸 신 말씀 언 글 서 판단할 판				

풍채, 언변, 글씨, 판단력 이 네 가지가 사람을 평가하는 기준이 됨.

實 事 求 是	實	事	求	是
열매 실 일 사 구할 구 옳을 시				

사실에 근거하여 옳은 것을 구함.

良 藥 苦 口	良	藥	苦	口
좋을 량 약 약 쓸 고 입 구				

몸에 도움이 되는 좋은 약은 입에 씀.

牛 耳 讀 經	牛	耳	讀	經
소 우 귀 이 읽을 독 경서 경				

쇠귀에 경읽기라는 뜻으로, 아무리 가르치고 일러 주어도 잘 알아 듣지 못함.

異 口 同 聲	異	口	同	聲
다를 이 입 구 한가지 동 소리 성				

여러 사람의 말이 한결같이 같음.

以 心 傳 心	以	心	傳	心
써 이 마음 심 전할 전 마음 심				

마음에서 마음으로 서로 뜻이 통함.

一 罰 百 戒	一	罰	百	戒
한 일 벌할 벌 일백 백 깨우칠 계				

하나를 벌하여 백의 경계로 삼는다는 뜻으로, 여러 사람에게 경각심을 불러 일으키기 위하여 무거운 벌로 다스림.

월   일   이름: 확인:

🔖 다음 사자성어를 읽고 따라 쓰세요.

日	就	月	將	日	就	月	將
날 일	나아갈 취	달 월	장차 장				

날로 달로 나아간다는 뜻으로 학문이나 기술이 나날이 발전함.

自	強	不	息	自	強	不	息
스스로 자	강할 강	아닐 불	쉴 식				

스스로 힘써 일하며 쉬지 않음.

前	代	未	聞	前	代	未	聞
앞 전	대신 대	아닐 미	들을 문				

앞의 시대에 들어본 적이 없다는 뜻으로 지금까지 들어본 적이 없음을 이름.

走	馬	看	山	走	馬	看	山
달릴 주	말 마	볼 간	메 산				

달리는 말 위에서 산을 구경한다는 뜻으로, 찬찬히 살펴보지 않고 대강대강 훑어 보는 것을 의미함.

進	退	兩	難	進	退	兩	難
나아갈 진	물러날 퇴	두 량	어려울 난				

이러기도 어렵고 저러기도 어려운 매우 난처한 처지에 놓여 있음을 이르는 말.

千	篇	一	律	千	篇	一	律
일천 천	책 편	한 일	법 률				

여러 시문의 글귀가 서로 비슷하여 변화가 없어 판에 박은 듯함을 이름.

寸	鐵	殺	人	寸	鐵	殺	人
마디 촌	쇠 철	죽일 살	사람 인				

한 마디의 쇠로도 사람을 죽인다는 뜻으로 짧은 경구로서 사람의 마음을 감동시킴.

📝 다음 사자성어를 읽고 따라 쓰세요.

忠	言	逆	耳
충성 충	말씀 언	거스릴 역	귀 이

충고의 말은 귀에 거슬린다는 뜻으로, 바르게 타이르는 말일수록 듣기 싫어함.

卓	上	空	論
탁상 탁	위 상	빌 공	말씀 론

탁상 위에서의 헛된 이론이나 논의.

破	竹	之	勢
깨뜨릴 파	대 죽	어조사 지	형세 세

대나무를 쪼개는 것과 같은 형세로 대적할 수 없을 정도의 맹렬한 기세.

風	前	燈	火
바람 풍	앞 전	등불 등	불 화

바람 앞의 등불이라는 뜻으로 매우 위급한 상황을 일컫는 말.

風	樹	之	歎
바람 풍	나무 수	어조사 지	탄식할 탄

어버이가 돌아가시어 효도하고 싶어도 할 수 없는 슬픔을 이르는 말.

虛	張	聲	勢
빌 허	베풀 장	소리 성	형세 세

실속이 없으면서 허세로만 떠벌림.

興	盡	悲	來
일 흥	다할 진	슬플 비	올 래

즐거운 일이 다하면 슬픈 일이 온다는 뜻으로, 세상 일이 돌고 돎을 이르는 말

제 1회 기출 및 예상 문제 (16p~18p)

❶ (1) 원천　(2) 충실　(3) 시청　(4) 추진
(5) 광천　(6) 청사　(7) 축소　(8) 초청
(9) 요청　(10) 초대　(11) 신청　(12) 온천
(13) 청각　(14) 유추　(15) 총성　(16) 축성
(17) 감축　(18) 청력　(19) 저축　(20) 총격
(21) 초청　(22) 도청　(23) 충고　(24) 군청
(25) 충성　(26) 구청　(27) 총론　(28) 건축
(29) 총력　(30) 축적

❷ (1) 충성 충　　(2) 청할 청　　(3) 모을 축
(4) 관청 청　　(5) 부를 초　　(6) 총 총
(7) 다 총　　　(8) 샘 천　　　(9) 들을 청
(10) 쌀을 축　　(11) 줄일 축　　(12) 밀 추

❸ (1) 推進力　(2) 總力　(3) 備蓄　(4) 建築
(5) 縮小　(6) 傾聽　(7) 招待　(8) 忠實
(9) 廳舍　(10) 源泉

❹ (1) 少　(2) 往　(3) 直　(4) 私

❺ (1) 聞　(2) 蓄　(3) 王　(4) 永

❻ (1) 忠　(2) 忠　(3) 異　(4) 益

❼ (1) ①　(2) ②　(3) ④　(4) ②

❽ (1) 怨天　(2) 靑絲　(3) 初代
※이외에도 여러 가지 답이 가능합니다.

❾ (1) 사람을 어느 곳에 청하여 부르는 것
(2) 어떤 일이나 대상의 범위나 크기를 본래
　　보다 더 작은 상태가 되게 하는 것
(3) 충성과 효도
(4) (집 따위를) 새로 짓는 것

❿ (1) 聽　(2) 厅　(3) 総　(4) 竜

★퍼즐로 한자를(20p)

		視	聽	覺	
源	泉		聞		
				減	
	廳			縮	小
	舍			推	銃
君	以	忠		理	傷
		告		力	

제 2회 기출 및 예상 문제 (28p~30p)

❶ (1) 침실　(2) 추측　(3) 독충　(4) 해충
(5) 침해　(6) 치안　(7) 취향　(8) 취소
(9) 기생충　(10) 취업　(11) 정치　(12) 방침
(13) 성취　(14) 취직　(15) 배치　(16) 취미
(17) 침범　(18) 취득　(19) 치과　(20) 검침
(21) 안치　(22) 관측　(23) 설치　(24) 심층
(25) 측량　(26) 충치　(27) 침공　(28) 기침
(29) 단층　(30) 침엽수

❷ (1) 바늘 침　(2) 가질 취　(3) 다스릴 치
(4) 이 치　　(5) 헤아릴 측　(6) 층 층
(7) 나아갈 취　(8) 둘 치　　(9) 벌레 충
(10) 침노할 침　(11) 뜻 취　　(12) 잘 침

❸ (1) 蟲齒　(2) 趣味　(3) 豫測　(4) 完治
(5) 方針　(6) 寢床　(7) 就業　(8) 深層
(9) 治安　(10) 侵攻

❹ (1) ③　(2) ②　(3) ①　(4) ④

❺ (1) 起　(2) 危　(3) 溫　(4) 苦

❻ (1) 進　(2) 意　(3) 階　(4) 治

❼ (1) 就　(2) 齒　(3) 治, 治　(4) 針

❽ (1) ①　(2) ②　(3) ③　(4) ①

❾ (1) 침범하여 들어가는 것
(2) ① 재어서 정하는 것
　　② 추측하여 결정하는 것
(3) 어떤 일이나 대상을 마무리 하거나 바로
　　잡거나 처리하지 않고 내버려두는 것
(4) 어떤 물건이나 자격 등을 자기 것으로
　　가지는 것

❿ (1) 虫　(2) 齒　(3) 鉄　(4) 対

★퍼즐로 한자를(32p)

		治	日	就	月	將
生	蟲	登	山		任	
	害		治		式	
			水			
					有	
趣	味				守	
向		百	門	一	針	無	所	有
				線	齒			

제 3회 기출 및 예상 문제 (40p~42p)

❶ (1) 독창적　(2) 인식　(3) 유산　(4) 창제
❷ (5) 科學的　(6) 歷史　(7) 別個　(8) 角度
　 (9) 實情　(10) 部分　(11) 論議　(12) 傳統
❸ (1) 칭호　(2) 방탄　(3) 복통　(4) 자태
　 (5) 칭찬　(6) 태세　(7) 칭송　(8) 탈당
　 (9) 애칭　(10) 택일　(11) 이탈　(12) 쾌거
　 (13) 토의　(14) 탈락　(15) 토벌　(16) 쾌적
　 (17) 명쾌　(18) 통합　(19) 지탄　(20) 탐구
　 (21) 은퇴　(22) 선택　(23) 퇴장　(24) 형태
　 (25) 감탄　(26) 탄식　(27) 비통　(28) 검토
　 (29) 채택　(30) 통일
❹ (1) 統　(2) 快　(3) 痛　(4) 歎　(5) 擇　(6) 探
❺ (1) 退　(2) 武　(3) 易　(4) 舊
❻ (1) 守　(2) 選　(3) 態　(4) 伐
❼ (1) 歎　(2) 退　(3) 歎　(4) 擇
❽ (1) ②　(2) ①　(3) ③　(4) ④
❾ (1) 본명 또는 정식의 이름 대신에 친근하게
　　 부르는 이름
　 (2) 몇 가지 중에서 골라 쓰는 것
　 (3) 직장을 그만두고 지위나 직책에서 물러
　　 나는 것
　 (4) 알려지지 않은 사물을 더듬어 살펴서 조
　　 사하는 것
❿ (1) 称　(2) 弾　(3) 択　(4) 乱

★퍼즐로 한자를(44p)

後	退			進	退	兩	難
	職					者	
				殺	生	有	擇
							一
		亡					
		羊				腹	
		之					
風	樹	之	歎	齒	痛	大	統	領
								計

제 4회 기출 및 예상 문제 (52p~54p)

❶ (1) 파국　(2) 폐문　(3) 투석　(4) 세포
　 (5) 파산　(6) 투구　(7) 판별　(8) 투항
　 (9) 평론　(10) 촌평　(11) 포장　(12) 시편
　 (13) 전투　(14) 비판　(15) 선포　(16) 격투
　 (17) 독파　(18) 풍파　(19) 폐강　(20) 담판
　 (21) 파동　(22) 포목　(23) 내포　(24) 파병
　 (25) 비평　(26) 판단　(27) 분파　(28) 장편
　 (29) 당파　(30) 판독
❷ (1) 평할 평　　　(2) 싸움 투
　 (3) 물결 파　　　(4) 세포 포
　 (5) 깨뜨릴 파　　(6) 판단할 판
　 (7) 던질 투　　　(8) 쌀 포
　 (9) 닫을 폐　　　(10) 베 포/보시 보
　 (11) 갈래 파　　　(12) 책 편
❸ (1) 派兵　(2) 判別　(3) 投球　(4) 講評
　 (5) 閉會式　(6) 包裝　(7) 破産　(8) 風波
　 (9) 鬪爭　(10) 宣布
❹ (1) 包　(2) 評　(3) 波　(4) 派　(5) 布　(6) 判
❺ (1) 閉　(2) 婦　(3) 朝　(4) 迎
❻ (1) 讚, 頌　(2) 去　(3) 鬪, 爭　(4) 評
❼ (1) 投　(2) 判　(3) 破　(4) 篇　(5) 投, 擊
❽ (1) 鬪技　(2) 破算　(3) 平價
※이외에도 여러 가지 답이 가능합니다.
❾ (1) 돌을 던지는 것
　 (2) 아량 있고 너그럽게 감싸 받아들이는 것
　 (3) 세찬 바람과 거센 물결
　 (4) 아주 짧게 비평함
❿ (1) 断　(2) 満　(3) 体　(4) 伝

★퍼즐로 한자를(56p)

漢	江	投	石		破	竹	之	勢
		手			鏡			
						宣	戰	布	告
身								木
言	中	有	骨			長		店
書		備		千	篇	一	律	
判		無			小			
		患			說			

기출 및 예상문제 해답

제 5회 기출 및 예상 문제 (64p~66p)

❶ (1) 온상　　(2) 통찰　　(3) 대신　　(4) 판단
❷ (5) 植物　　(6) 生命力　(7) 成功　　(8) 安住
　(9) 評價　　(10) 指向　　(11) 目標　　(12) 設定
❸ (1) 표지　　(2) 제한　　(3) 표준　　(4) 기한
　(5) 포탄　　(6) 풍만　　(7) 원한　　(8) 피난
　(9) 한산　　(10) 포성　　(11) 폭탄　　(12) 피곤
　(13) 한가　　(14) 한계　　(15) 포악　　(16) 항전
　(17) 표결　　(18) 피로　　(19) 표적　　(20) 풍성
　(21) 폭도　　(22) 항변　　(23) 폭풍　　(24) 한도
　(25) 폭발　　(26) 한탄
❹ (1) 한가할 한　　　　　　(2) 풍년 풍
　(3) 불터질 폭　　　　　　(4) 표 표
　(5) 표할 표　　　　　　　(6) 한 한
　(7) 피곤할 피　　　　　　(8) 피할 피
　(9) 대포 포　　　　　　　(10) 한할 한
　(11) 사나울 폭/모질 포　　(12) 겨룰 항
❺ (1) 凶　(2) 富　(3) 着　(4) 逆
❻ (1) 爭　(2) 避　(3) 恨　(4) 打, 攻
❼ (1) 鬪　(2) 布　(3) 波　(4) 退
❽ (1) ③　(2) ④　(3) ④　(4) ③　(5) ②　(6) ①
❾ (1) 어떤 사실을 알리거나 어떤 사물을 다른
　　것과 구별하기 위해 눈에 잘 뜨이도록
　　해 놓은 표시
　(2) 사물의 정하여진 범위, 또는 그 범위를
　　나타내는 선
　(3) 적에 대항하여 싸우는 것
　(4) 사람이나 동물이 사납고 악독하게 구는 것
❿ (1) 豊　(2) 堅　(3) 余　(4) 独

★퍼즐로 한자를(68p)

① 銃	② 砲	③ 物	價	暴	落		⑥ 開	
	聲		風			⑤ 得	票	
			雨				所	
	⑦ 商			⑧ 豊	年	歌		
⑨ 里	程	標		作				
					⑩ 疲	勞		
	⑪ 家	和	萬	事	成	困		

제 6회 기출 및 예상 문제 (76p~78p)

❶ (1) 항진　(2) 난해　(3) 핵심　(4) 낙향
　(5) 항로　(6) 현명　(7) 결핵　(8) 해산
　(9) 체험　(10) 개헌　(11) 성현　(12) 항해
　(13) 허세　(14) 험난　(15) 혁명　(16) 개항
　(17) 경험　(18) 출항　(19) 탐험　(20) 향리
　(21) 해독　(22) 허무　(23) 오해　(24) 혁신
　(25) 분해　(26) 헌법
❷ (1) 법 헌　　　　(2) 항구 항　　(3) 어질 현
　(4) 험할 험　　　(5) 향기 향　　(6) 시골 향
　(7) 빌 허　　　　(8) 풀 해　　　(9) 배 항
　(10) 시험할 험　(11) 가죽 혁　　(12) 씨 핵
❸ (1) 誤解　(2) 核心　(3) 故鄉　(4) 改憲
　(5) 體驗　(6) 革新　(7) 出港　(8) 賢母
　(9) 香氣　(10) 難解
❹ (1) 核　(2) 賢　(3) 解　(4) 憲　(5) 航　(6) 鄉
❺ (1) ①　(2) ②　(3) ③　(4) ④
❻ (1) 鄉　(2) 實　(3) 果　(4) 常
❼ (1) 虛　(2) 驗　(3) 獨　(4) 歲
❽ (1) 解　(2) 虛　(3) 差　(4) 賢
❾ (1) ③　(2) ①　(3) ④　(4) ①　(5) ②　(6) ②
❿ (1) 解毒　(2) 海山, 解産　(3) 利害
　※이외에도 여러 가지 답이 가능합니다.
⓫ (1) 解　(2) 虛　(3) 賢　(4) 險

★퍼즐로 한자를(80p)

① 國	際	空	③ 港			③ 誤		
			口		④ 結	者	解	之
⑤ 核	⑥ 家	族						
	和			⑦ 失			⑧ 虛	榮	心
	萬		⑨ 故	鄉	山	川	送	
	事			民			歲	
	成						月	

제 7회 기출 및 예상 문제 (88p~90p)

❶ (1) 진보적　(2) 정부　(3) 추진　(4) 흑판
❷ (5) 敎師　(6) 注入式　(7) 成果　(8) 自由

(9) 創意力　(10) 力量　(11) 依存　(12) 統一
(13) 政治　(14) 變質
❸ (1) 은혜　(2) 구형　(3) 특혜　(4) 현시
(5) 혈액　(6) 선호　(7) 호응　(8) 결혼
(9) 혈압　(10) 문호　(11) 호기　(12) 협력
(13) 현직　(14) 혹시　(15) 혼잡　(16) 애호
(17) 처형　(18) 협동　(19) 간호　(20) 구혼
(21) 호적　(22) 호국　(23) 혈관　(24) 형벌
(25) 호칭　(26) 혼란　(27) 호평　(28) 약혼
(29) 수호　(30) 호위
❹ (1) 도울 호　(2) 피 혈　(3) 섞을 혼
(4) 형벌 형　(5) 은혜 혜　(6) 집 호
(7) 혼인할 혼　(8) 부를 호　(9) 나타날 현
(10) 혹 혹　(11) 화할 협　(12) 좋을 호
❺ (1) 混　(2) 好　(3) 婚　(4) 護　(5) 惠　(6) 血
❻ (1) 罰　(2) 益　(3) 同　(4) 失
❼ (1) 現　(2) 和　(3) 惠　(4) 過
❽ (1) 血　(2) 戶　(3) 呼　(4) 好, 好
❾ (1) 힘을 합하여 돕는 것
(2) 사람이나 신이 어떤 사람에게 베푸는 도움이나 고마운 일
(3) 따라 다니며 보호하고 지키는 것
(4) 갈피를 잡을 수 없게 뒤범벅이 되어 어지러운 것
❿ (1) 顯　(2) 読　(3) 驗　(4) 応

★퍼즐로 한자를(92p)

①顯	忠	日		②門		
考			③家	家	戶	戶	④好
				開		衣
				放		好
指	⑤呼	之	⑥間			⑦混	食
	兄					
	⑧呼	稱		⑨結	⑩婚	
	弟				談	

제 8회 기출 및 예상 문제 (102p~104p)

❶ (1) 환희　(2) 홍옥　(3) 확보　(4) 현황
(5) 회귀　(6) 발휘　(7) 영화　(8) 호흡
(9) 후덕　(10) 감흥　(11) 재화　(12) 보화
(13) 지휘　(14) 확실　(15) 희망　(16) 홍기
(17) 확인　(18) 희비　(19) 화려　(20) 중후
(21) 희구　(22) 확고　(23) 회피　(24) 기후
(25) 환호　(26) 환경　(27) 석회　(28) 상황
(29) 화환　(30) 회색
❷ (1) 마실 흡　(2) 빛날 화　(3) 기후 후
(4) 굳을 확　(5) 고리 환　(6) 돌아올 회
(7) 바랄 희　(8) 재 회　(9) 기쁠 환
(10) 두터울 후　(11) 붉을 홍　(12) 휘두를 휘
(13) 상황 황　(14) 일 흥　(15) 재물 화
(16) 기쁠 희
❸ (1) 華麗　(2) 確信　(3) 希望　(4) 近況
(5) 喜色　(6) 歡迎　(7) 重厚　(8) 指揮
(9) 興味　(10) 吸入
❹ (1) ④　(2) ③　(3) ①　(4) ②
❺ (1) 亡　(2) 喜　(3) 喜　(4) 後
❻ (1) 紅　(2) 貨　(3) 望, 願　(4) 喜
❼ (1) 回　(2) 興　(3) 喜　(4) 確　(5) 揮
❽ (1) 會戰　(2) 後代　(3) 後事
※이외에도 여러 가지 답이 가능합니다.
❾ (1) 兴　(2) 児　(3) 欢, 歓　(4) 圧

★퍼즐로 한자를(106p)

①紅	東	白	西		②外	③華	內	貧		④興
一						麗				盡
點						江				悲
	確	固	⑥不	動		山				來
⑦起		遠					⑧指		
死		千			⑨一	筆	揮	之	
回	⑩甲	里							
生					⑪喜	色	滿	面	

♣일자다음어(108p~110p)

1. 강, 항복　2. 갱, 경　3. 거, 차　4.견, 현
5. 금, 김씨　6. 단, 선　7. 도, 탁　8. 독, 두
9. 통찰　10. 낙, 요, 악　11. 복, 부
12. 북, 패배　13.살, 쇄도　14. 상태, 장
15. 설, 유세, 열　16. 성, 생　17. 숙, 수
18. 식, 지　19. 악, 오　20. 역, 이
21. 절, 체　22. 삼, 참여　23. 칙, 즉
24. 택, 댁　25. 편, 변　26. 선포, 보
27. 폭, 포　28. 행, 항　29. 화, 획

모의고사 해답

제 1회
모의 한자능력 검정시험

1. 청원
2. 측량
3. 혈기
4. 희망
5. 부흥
6. 은혜
7. 체험
8. 해빙
9. 득표
10. 퇴장
11. 형태
12. 포용
13. 한파
14. 발포
15. 총무
16. 총성
17. 저축
18. 개축
19. 취득
20. 치안
21. 설치
22. 침입
23. 쾌활
24. 충성
25. 선처
26. 차기
27. 기준
28. 역설
29. 사제
30. 불경
31. 두량
32. 연패
33. 단오
34. 단전
35. 협력
36. 더할 익
37. 물결 파
38. 부를 호
39. 순수할 순
40. 벌레 충
41. 향기 향
42. 마실 흡
43. 베풀 시
44. 굳을 확
45. 무리 대
46. 버금 부
47. 느낄 감
48. 등급 급
49. 받들 봉
50. 전할 전
51. 숯 탄
52. 돌아올 회
53. 눈 설
54. 관계할 관
55. 물끓는김 기
56. 과녁 적
57. 모을 집
58. 陽地
59. 溫度
60. 對決
61. 運動
62. 當然
63. 友情
64. 登山
65. 奉仕
66. 展示
67. 到着
68. 畫具
69. 材木
70. 特性
71. 電線
72. 本體
73. 活路
74. 算定
75. 意識
76. 等級
77. 式順
78. 凶
79. 夜
80. 實
81. 船
82. 害
83. 話
84. 図
85. 齒
86. 実
87. 王
88. 寒
89. 加
90. 事
91. 果
92. 致
93. 兄
94. 固
95. 角
96. 貝
97. 艸
98. 성인과 현인을 아울러 이르는 말
99. 꽃, 향, 향수 따위에서 나는 좋은 냄새
100. 지키고 보호함

제 2회
모의 한자능력 검정시험

1. 성현
2. 후사
3. 흡연
4. 감탄
5. 칭송
6. 은퇴
7. 증축
8. 청중
9. 압축
10. 취득
11. 유치
12. 기침
13. 쾌적
14. 탐험
15. 강평
16. 건투
17. 피신
18. 발포
19. 한산
20. 항거
21. 표적
22. 낙향
23. 허세
24. 청혼
25. 호적
26. 세금
27. 여행
28. 헌법
29. 기후
30. 부흥
31. 거느릴 통
32. 풍년 풍
33. 복 복
34. 밀 추
35. 피곤할 피
36. 효도 효
37. 험할 험
38. 익힐 련
39. 걸음 보
40. 해 세
41. 붉을 홍
42. 억 억
43. 장수 장
44. 가릴 택
45. 편할 편/똥오줌 변
46. 문서 적
47. 모습 태
48. 절 배
49. 사사 사
50. 층 층
51. 사나울 폭/모질 포

52. 깨뜨릴 파
53. 빽빽할 밀
54. 멜 담
55. 밤 야
56. 凶家
57. 窓門
58. 都市
59. 平原
60. 賞金
61. 讀書
62. 失望
63. 角度
64. 永遠
65. 老人
66. 風
67. 石
68. 足
69. 綠
70. 川
71. 行
72. 遠
73. 果
74. 他
75. 朝
76. 獨
77. 選
78. 體
79. 溫
80. 固
81. 刀
82. 豆
83. 艮
84. **礼**
85. **変**
86. **医**
87. 힘을 들여 일함
88. 복된 좋은 운수
89. 절약하여 모아둠
90. ①
91. ③

92. ⑤
93. 放水
94. 永住
95. 藥局
96. 卒業
97. 庭園
98. 參席
99. 期約
100. 番號

제 3회
모의 한자능력 검정시험

1. 원천
2. 취업
3. 측정
4. 약혼
5. 혈기
6. 점령
7. 침략
8. 투석
9. 취미
10. 폐회
11. 파병
12. 혼잡
13. 호명
14. 적선
15. 혁명
16. 진취
17. 토벌
18. 평가
19. 체득
20. 가요
21. 한국
22. 생명
23. 육성
24. 결과
25. 산업
26. 자동차
27. 근래

28. 개발
29. 과학자
30. 부실
31. 집 실
32. 약 약
33. 쌀 포
34. 항구 항
35. 재 성
36. 실 사
37. 구멍 공
38. 벌레 충
39. 두터울 후
40. 재 회
41. 구리 동
42. 격식 격
43. 기록할 기
44. 가루 분
45. 새 조
46. 이을 련
47. 무리 당
48. 떠날 리
49. 스승 사
50. 갖출 비
51. 은혜 혜
52. 모양 양
53. ④
54. ⑥
55. ⑧
56. **気**
57. **読**
58. **体**
59. 傳
60. 號
61. 區
62. 親舊
63. 家族
64. 定價
65. 責望
66. 禮服
67. 識

68. 在
69. 財
70. 貯
71. 加
72. 直
73. 開
74. 得
75. 孫
76. 京
77. 戈
78. 勹
79. 火
80. 結者
81. 角者
82. 感天
83. 多幸
84. 事必
85. 人道
86. 首相
87. 展示
88. 思考
89. 原理
90. 충직하고 성실함
91. 농작물의 수확이 평년작을 훨씬 웃 도는 일
92. 전문적으로 하는 것이 아니라 즐기 기 위하여 하는 일
93. 樂山樂水
94. 山戰水戰
95. 달아날
96. 참
97. 新聞
98. 記事
99. 都市
100. 建物

※4급 4급Ⅱ⑤과정을 마친 다음에
  모의고사 답을 이 곳에 기재하세요.

수험번호 □□□-□□-□□□□   성명 □□□□□
생년월일 □□□□□□   ※주민등록번호 앞 6자리 숫자를 기입하십시오.   ※성명을 한글로 작성.
                                                              ※필기구는 검정색 볼펜만 가능

※ 답안지는 컴퓨터로 처리되므로 구기거나 더럽히지 마시고, 정답 칸 안에만 쓰십시오.
  글씨가 채점란으로 들어오면 오답처리가 됩니다.

제 1회 전국한자능력검정시험 4급Ⅱ 답안지(1) (시험시간: 50분)

번호	정답	1검	2검	번호	정답	1검	2검	번호	정답	1검	2검
1				17				33			
2				18				34			
3				19				35			
4				20				36			
5				21				37			
6				22				38			
7				23				39			
8				24				40			
9				25				41			
10				26				42			
11				27				43			
12				28				44			
13				29				45			
14				30				46			
15				31				47			
16				32				48			

감독위원	채점위원(1)		채점위원(2)		채점위원(3)	
(서명)	(득점)	(서명)	(득점)	(서명)	(득점)	(서명)

제 1회 전국한자능력검정시험 4급 II 답안지(2)

번호	정답	1검	2검	번호	정답	1검	2검	번호	정답	1검	2검
	답안란	채점란			답안란	채점란			답안란	채점란	
49				67				85			
50				68				86			
51				69				87			
52				70				88			
53				71				89			
54				72				90			
55				73				91			
56				74				92			
57				75				93			
58				76				94			
59				77				95			
60				78				96			
61				79				97			
62				80				98			
63				81				99			
64				82				100			
65				83							
66				84							

수험번호 □□□-□□-□□□□   성명 □□□□□

생년월일 □□□□□□   ※주민등록번호 앞 6자리 숫자를 기입하십시오.   ※ 성명을 한글로 작성.
※ 필기구는 검정색 볼펜만 가능

※ 답안지는 컴퓨터로 처리되므로 구기거나 더럽히지 마시고, 정답 칸 안에만 쓰십시오.
글씨가 채점란으로 들어오면 오답처리가 됩니다.

제 2회 전국한자능력검정시험 4급 답안지(1) (시험시간: 50분)

번호	정 답 (답안란)	1검	2검	번호	정 답 (답안란)	1검	2검	번호	정 답 (답안란)	1검	2검
1				17				33			
2				18				34			
3				19				35			
4				20				36			
5				21				37			
6				22				38			
7				23				39			
8				24				40			
9				25				41			
10				26				42			
11				27				43			
12				28				44			
13				29				45			
14				30				46			
15				31				47			
16				32				48			

감독위원	채점위원(1)		채점위원(2)		채점위원(3)	
(서명)	(득점)	(서명)	(득점)	(서명)	(득점)	(서명)

※ 답안지는 컴퓨터로 처리되므로 구기거나 더럽히지 마시고, 정답 칸 안에만 쓰십시오. 글씨가 채점란으로 들어오면 오답처리가 됩니다.

제 2회 전국한자능력검정시험 4급 답안지(2)

번호	정 답	1검	2검	번호	정 답	1검	2검	번호	정 답	1검	2검
	답 안 란	채 점 란			답 안 란	채 점 란			답 안 란	채 점 란	
49				67				85			
50				68				86			
51				69				87			
52				70				88			
53				71				89			
54				72				90			
55				73				91			
56				74				92			
57				75				93			
58				76				94			
59				77				95			
60				78				96			
61				79				97			
62				80				98			
63				81				99			
64				82				100			
65				83							
66				84							

※4급 4급Ⅱ⑤과정을 마친 다음에
　모의고사 답을 이 곳에 기재하세요.

수험번호	□□□-□□-□□□□	성명 □□□□□
생년월일	□□□□□□	

※주민등록번호 앞 6자리 숫자를 기입하십시오.　　※성명을 한글로 작성.
※필기구는 검정색 볼펜만 가능

※ 답안지는 컴퓨터로 처리되므로 구기거나 더럽히지 마시고, 정답 칸 안에만 쓰십시오.
　글씨가 채점란으로 들어오면 오답처리가 됩니다.

제 3회 전국한자능력검정시험 4급 답안지(1) (시험시간: 50분)

번호	정답	1검	2검	번호	정답	1검	2검	번호	정답	1검	2검
1				17				33			
2				18				34			
3				19				35			
4				20				36			
5				21				37			
6				22				38			
7				23				39			
8				24				40			
9				25				41			
10				26				42			
11				27				43			
12				28				44			
13				29				45			
14				30				46			
15				31				47			
16				32				48			

감독위원	채점위원(1)		채점위원(2)		채점위원(3)	
(서명)	(득점)	(서명)	(득점)	(서명)	(득점)	(서명)

※ 답안지는 컴퓨터로 처리되므로 구기거나 더럽히지 마시고, 정답 칸 안에만 쓰십시오. 글씨가 채점란으로 들어오면 오답처리가 됩니다.

제 3회 전국한자능력검정시험 4급 답안지(2)

번호	정 답	1검	2검	번호	정 답	1검	2검	번호	정 답	1검	2검
49				67				85			
50				68				86			
51				69				87			
52				70				88			
53				71				89			
54				72				90			
55				73				91			
56				74				92			
57				75				93			
58				76				94			
59				77				95			
60				78				96			
61				79				97			
62				80				98			
63				81				99			
64				82				100			
65				83							
66				84							

(각 답안란 상단: 답안란 / 채점란)